Thomas Aigner

Indemnização por lesão por choque, dor e sofrimento, em caso de luto por animais de estimação

Thomas Aigner

Indemnização por lesão por choque, dor e sofrimento, em caso de luto por animais de estimação

Danos intangíveis e interpretação dos §§ 1331, 1332a ABGB

ScienciaScripts

Imprint

Any brand names and product names mentioned in this book are subject to trademark, brand or patent protection and are trademarks or registered trademarks of their respective holders. The use of brand names, product names, common names, trade names, product descriptions etc. even without a particular marking in this work is in no way to be construed to mean that such names may be regarded as unrestricted in respect of trademark and brand protection legislation and could thus be used by anyone.

Cover image: www.ingimage.com

This book is a translation from the original published under ISBN 978-3-639-62822-7.

Publisher:
Sciencia Scripts
is a trademark of
Dodo Books Indian Ocean Ltd. and OmniScriptum S.R.L publishing group

120 High Road, East Finchley, London, N2 9ED, United Kingdom
Str. Armeneasca 28/1, office 1, Chisinau MD-2012, Republic of Moldova, Europe
Printed at: see last page
ISBN: 978-620-8-09846-9

Conteúdo

Introdução e antevisão 2

CAPÍTULO 1 3

CAPÍTULO 2 10

CAPÍTULO 3 25

CAPÍTULO 4 46

Bibliografia 48

Apêndice 53

Todos os dias morrem seres vivos ou, por vezes, sofrem ferimentos extremamente graves. Se tal acontecer por culpa de um terceiro, a pessoa diretamente lesada pode, em primeiro lugar, ter direito a uma indemnização por danos materiais ou morais (ver artigo 1325.º do ABGB) ou, em segundo lugar, os dependentes sobrevivos podem apresentar determinados pedidos de indemnização (ver artigo 1327.º do ABGB) contra a pessoa que causou a lesão.

O presente trabalho aborda a questão de saber se e como se justificam dogmaticamente os pedidos de indemnização de pessoas "terceiras" (próximas) por dor e sofrimento - por um lado, devido à sua própria perturbação da saúde mental, por outro, devido à (mera) libertação de sentimentos de pesar, pena ou ansiedade - em resultado da morte ou lesão grave de outro ser vivo (próximo). São examinados os pré-requisitos para tais afirmações e é respondida a questão de saber até que ponto é importante uma relação emocional intensa com o ser vivo morto ou gravemente ferido.

No contexto deste trabalho, mostra-se, em particular, que tais reivindicações de terceiros em resultado da morte ou de ferimentos graves tanto de um ser humano como de um animal podem ser objeto de direitos.[1]

As referências a pessoas aplicam-se sempre igualmente a todos os géneros.

---

[1] Partes do trabalho foram também publicadas pela primeira vez na revista TiRuP 2024/A, 65.

CAPÍTULO 1

Panorama da situação dos pareceres

[23]Essencialmente, a jurisprudência atual considera, numa primeira fase, que se uma pessoa sofrer uma doença ou um dano para a sua saúde devido à morte ou aos ferimentos graves de um familiar próximo ou de um animal de estimação, pode ter direito a uma indemnização por dor e sofrimento (de acordo com o artigo 1325.º do ABGB) ("**dano por dor com valor de doença**", "dano por choque").[4]

No E 2 Ob 79/00g e seguintes, a indemnização por dor e sofrimento era igualmente concedida se a morte ou o dano mais grave não tivesse sido testemunhado pela vítima, mas a doença (mental) ou o dano para a saúde resultasse da notificação (posterior) de um acidente. Por outro lado, em caso de envolvimento direto num acidente, a indemnização por dor e sofrimento era concedida mesmo que não existisse qualquer relação de parentesco ou proximidade especial.[5]

A justificação ou o exame de um comportamento descuidado é contestado em pormenor.[6]

---

[2] ZB 2 Ob 109/19x; 9 Ob 9/22x; 2 Ob 126/23b.

[3] ZB LG Feldkirch 8 Cg 262/96g ZVR 2001/67; LGZ Wien 12.06.2003, 36 R 174/03k; BG Liesing 03.08.2004, 8 C 785/02g; OLG Wien 12 R 146/10v ZVR 2012/35. O Supremo Tribunal não se pronunciou sobre o mérito em E 1 Ob 125/16p (negação de provimento ao recurso por falta de uma questão jurídica importante relativa à autorização do tribunal de tutela [§ 62 (1) AuBStrG]). Sa 6 Ob 55/04p (decisão da primeira e segunda instâncias, negação de provimento ao recurso [§ 502 para. 2 ZPO]). AA 10 Ob 3/20v.

[4][761.06]C f. em vez de muitos *Perner/Spitzer/Kodek*, Burgerliches Recht (2022) 342; *Riedler*, Zivilrecht IV Schuldrecht Besonderer Teil - Gesetzliche Schuldverhaltnisse (2022) Rz 3/10. Sa *Danzl/Karner* in KBB7 § 1325 Rz 29; *Hinteregger* in *Kletecka/Schauer,* ABGB-ON § 1325 Rz 41; 2 Ob 45/93; 2 Ob 99/95; RIS-Justiz RS0116865. No que respeita aos animais de companhia, a doutrina divide-se (por exemplo, essencialmente [no caso de negligência grave] *Beisteiner*, Angehorigenschmerzengeld. [1.06]Der Ersatz von Schock- und Trauerschaden bei Totung oder Schwerstverletzung naher Angehoriger [2009] 182 ff mwN; em contraste, por exemplo, com *Hinteregger* in *Kletecka/Schauer*, ABGB-ON § 1325 ABGB Rz 50, que, no entanto, afirma a possibilidade de indemnização por dor de dor [ver infra]).

[5] 2 Ob 120/02i.

[6] Ver, por exemplo, *Karner*, Rechtsprechungswende bei Schock- und Fernwirkungsschaden Dritter? [3]ZVR 1998, 182: ponderação de interesses; em contrapartida *Reischauer* in *Rummel* § 1325 Rz 5: conhecimento da aptidão para o dano. Sa *Kramer*, Schockschaden mit Krankheitswert - noch offene Fragen? in *Apathy* et al (eds.), Festschrift fur Helmut Koziol

[7]No entanto, se não houver um dano físico (doença ou dano à saúde) na aceção do § 1325 ABGB, mas **apenas sentimentos de pesar**, o **dano** é **exclusivamente imaterial**:

A este respeito, **a jurisprudência**, que é provavelmente esmagadora, afirma que os danos imateriais (em geral) só devem ser indemnizados/compensados se tal estiver expressamente estipulado em disposições legais especiais.[8] Assim, a jurisprudência negou inicialmente a atribuição de uma "indemnização por dor de luto" no caso de haver apenas dor sem valor de doença, porque o pagamento de uma indemnização por dor só estava previsto no § 1325 ABGB em caso de danos corporais pessoais (e o sofrimento resultante da perda de entes queridos devia ser atribuído ao risco geral de vida).[9] No entanto, após uma alteração da jurisprudência, o Supremo Tribunal de Justiça concedeu igualmente indemnizações por morte com base numa analogia jurídica (nomeadamente nos artigos 1331º, 1328º, 1329º ABGB e 213ºa ASVG), em caso de ligação afectiva intensa, como a que existe normalmente entre parentes próximos, e na condição de a morte ter sido causada por negligência grave ou intencional10.[10] [11][12][13][14]O

---

zum 70. Geburtstag (2010) 743 (754 ff); 2 Ob 163/06v. A jurisprudência mais antiga (por exemplo, 3 Ob 331/50; 2 Ob 6/71) continua a ser diferente: danos a terceiros não reembolsáveis. Crítica da ilicitude em relação aos familiares *Schickmair*, Dogmatik des Schmerzengeldrechts, in *Kerschner* (ed.), Schmerzengeld. [2]Comentário e Judicatura (2020) Rz 147 e seguintes.

[7] Ou, no caso dos ferimentos mais graves, sentimentos de pena ou, especialmente no caso de ferimentos que põem a vida em risco, sentimentos de ansiedade.

[8] Ver, por exemplo, 9 Ob 36/00k e muitos outros; RIS-Justiz RS0022544. No entanto, alguns tribunais do século XIX partiram certamente do princípio de que a satisfação integral (§ 1324 ABGB) incluía geralmente também a indemnização pela ofensa causada na aceção do § 1323 ABGB (ou seja, a indemnização material por danos morais sofridos) (por exemplo, OGH 29.04.1886, 4044 GlU 11007; 26.09.1888, 8409 GlU 12365; sa OGH 16.11.1887, 12981 GlU 11837).

[9] IdS, por exemplo, 3 Ob 331/50; 2 Ob 6/71.

[10] 2 Ob 84/01v; RIS-Justiz RS0115189; RS0115190.

[11] ZB 2 Ob 84/01v; 2 Ob 263/06z.

[12] ZB 2 Ob 62/05i; 8 Ob 98/20z.

[13] ZB 8 Ob 127/02p; sa 2 Ob 212/04x; 2 Ob 15/07f.

[14] ZB 2 Ob 90/05g (neste caso: não há comunidade doméstica, mas in casu foi possível comprovar uma intensa comunidade de sentimentos); 2 Ob 55/08i; 4 Ob 176/19i; 10 Ob 41/20g (neste caso: não há comunidade doméstica, mas há uma relação cordial e íntima, contactos regulares, férias conjuntas; foi possível comprovar uma intensa comunidade de sentimentos).

círculo de parentes mais próximos foi alargado ao longo do tempo: dos pais e filhos aos cônjuges, companheiros de vida, irmãos - mas apenas se viverem no mesmo agregado familiar - e enteados. [15][16]No entanto, no caso do luto pela morte de animais (domésticos), a atribuição de uma indemnização por perdas e danos foi até agora rejeitada num E, com o fundamento de que o dano moral devido à perda de um animal está abrangido pelo artigo 1331º do ABGB e só deve ser compensado em caso de dolo, e que a perda de um animal está muito longe de ser uma dor equivalente à perda de um ser humano.

[17]No contexto dos danos por morte, surge também como particularmente controverso (e por isso deve ser aqui mencionado) um E que, no caso da (mera) troca de um recém-nascido numa maternidade, atribuiu uma indemnização pela dor emocional sofrida com base na jurisprudência dos danos por morte, apesar de a criança não ter morrido nem ter sofrido qualquer tipo de lesão. O raciocínio do Supremo Tribunal referiu-se - embora as circunstâncias contratuais também tenham sido corretamente analisadas - em primeiro lugar à jurisprudência em matéria de danos por morte (e, por conseguinte, a uma analogia com as disposições que são aplicadas em particular [também] em casos de danos por facto ilícito). No entanto, in casu, poderia ter sido analisado com mais precisão se e como a respectiva obrigação contratual específica violada (obrigação de sucesso ou dever de cuidado) também se destinava à proteção de interesses não materiais (e quais exatamente). De um modo geral, as dúvidas surgem num ponto da argumentação eletrónica:[18] Como se verá adiante, a justificação dogmática para a atribuição de uma indemnização por luto também se baseia numa relação afectiva intensa: se essa relação existiu com alguém que acabou

---

[15] No entanto, no processo E 2 Ob 126/23b, recentemente publicado em relação a um enteado, o Supremo Tribunal apenas se debruçou sobre os "danos por choque", uma vez que o "subsídio de dor por morte" já não estava em causa no processo de recurso.

[16] 2 Ob 142/20a.

[17] 4 Ob 208/17t. Ver também *Wild/Weichbold*, Die Ersatzfahigkeit ideeller Schaden infolge der Verwechslung von Kindern nach der Geburt. Um debate sobre a decisão do Supremo Tribunal de 22 de março de 2018, 4 Ob 208/17t, iFamZ 2018, 272.

[18] Ver imediatamente. *Wild/Weichbold*, iFamZ 2018, 272, também criticam a justificação do E em termos de método e conteúdo.

por morrer (ou ficar gravemente ferido), pode considerar-se a atribuição de uma indemnização por luto (ou por compaixão/ansiedade, no caso de ferimentos graves). No caso em apreço, desenvolveu-se e existiu uma ligação afectiva intensa com a criança, que foi considerada como sua durante mais de vinte anos e com a qual vivia na mesma casa. No entanto, mesmo depois de se ter conhecimento de uma tal troca, os sentimentos em relação à criança amada que foi criada não se alteram (regra geral). Esta relação afectiva não foi afetada pela divulgação das circunstâncias in casu (como seria o caso se o filho de criação tivesse sido morto). Relativamente ao filho biológico, havia (mero) desconhecimento do seu paradeiro/ destino; esta criança podia viver, podia estar bem, e não havia indícios de que se pudesse (sequer) recear o contrário.[19] A afirmação feita no E de que um dano moral dos pais (através da troca) é comparável em termos de valor a uma morte ou lesão grave não pode, portanto, ser aceite na minha opinião.

As opiniões sobre o pagamento da indemnização por morte em geral (sem referência específica aos animais) variam na **doutrina**. Uma parte da doutrina parte do princípio de que o dano moral deve, em geral, ser indemnizado de qualquer forma, se a lei previr a sua satisfação integral (e não estipular o contrário em disposições especiais).[20] A "indemnização pela ofensa causada" do artigo 1323º do ABGB diz, portanto, respeito à indemnização/compensação do dano moral, pelo que é possível defender a indemnização do dano moral nos casos de dolo e negligência grave por esta via, uma vez que o artigo 1324º do ABGB concede ao lesado uma satisfação integral nestes casos.[21] Esta

---

[19] Como poderia ter sido o caso num rapto violento.

[20] Ver, por exemplo, *F. Bydlinski*, Der Ersatz ideellen Schaden als sachliches und methodisches Problem (Teil I/II), JBl 1965, 173 (179 ff [aí também sobre o desenvolvimento na discussão científica]), 237 (247 f); *Hinteregger* in *Kletecka/Schauer*, ABGB-ON § 1324 Rz 3; *Karner*, Der Ersatz ideeller Schaden bei Korperverletzung (1999) 78 f; *dens*, Anmerkung zu OGH 16. 5. 2001, 2 Ob 84/01v, ZVR 2001, 287; ver *dens*, Zur Ersatzfahigkeit von Schock- und Trauerschaden - eine Bilanz, in *Huber/Neumayr/Reisinger* (eds.), Festschrift Karl-Heinz Danzl zum 65. Geburtstag (2017) 87 (90); *Koziol*, Haftpflichtrecht I D/3 Rz 10 f; *Wolff* in *Klang* VI 122 f, 152. Ver também *Danzl/Karner* in KBB § 1323 Rz 3.

[21] No entanto, *Hinteregger* (in *Kletecka/Schauer*, ABGB-ON § 1324 Rz 3; sa *dies*,

regulamentação geral é alargada, excluída ou limitada por disposições especiais (por exemplo, §§ 1325, 1330, 1331 ABGB).[22]

Outra parte da doutrina baseia-se, nomeadamente, no § 16 do ABGB e na violação dos direitos de personalidade.[23] Uma vez que existem direitos inerentes que já são reconhecíveis pela razão, todos devem respeitar os direitos de personalidade devidamente protegidos. [2425]Através do efeito de terceiro dos direitos fundamentais em conjugação com o § 16 ABGB, os direitos fundamentais constitucionalmente garantidos podem também adquirir um significado inter privatos. A parte relevante da doutrina diz o seguinte Se os direitos fundamentais aplicáveis ao Estado também prevêem a indemnização por danos morais quando são violados pelo Estado, então isto também se deve aplicar no domínio do direito privado através do efeito de terceiro.[26] No entanto, mesmo que não esteja previsto um pedido separado de indemnização por danos morais em caso de violação dos direitos fundamentais, a responsabilidade entre particulares é defendida e baseia-se numa violação do direito de personalidade, de acordo com o artigo 16.º do ABGB, em conjugação com o respetivo direito fundamental (por exemplo, o artigo 8.º da CEDH).[27]

[28]Por último, as vozes críticas da doutrina negam a atribuição de uma

---

Trauerschmerzengeld und der Anspruch auf immateriellen Schadenersatz im osterreichischen Recht, in FS Danzl 71 [83 f]), com base numa analogia jurídica abrangente, também é a favor da indemnização por danos morais em caso de negligência ligeira. *Strasser* (Der immaterielle Schaden im osterreichischen Recht [1964] 35 ff) vai mais longe na sua abordagem, considerando que o dano imaterial já está abrangido pelo conceito de dano (positivo) do § 1293 ABGB, pelo que a indemnização por negligência ligeira também é, em princípio, possível (a menos que a lei estipule o contrário em disposições especiais sobre o âmbito da indemnização). Ver também *Mayer-Maly*, Gedanken zum Ersatz immaterieller Schaden, DRdA 1965, 56.

[224]*K oziol*, Haftpflichtrecht I D/3 Rz 11.

[23] S FN 26 e 27; ver *Beisteiner*, Angehorigenschmerzengeld 79 e seguintes.

[243]C f. em vez de muitos, apenas *Meissel* em *Fenyves/Kerschner/Vonkilch*, Klang § 16 Rz 48 e seguintes.

[25] Ver também no texto, nos pontos FN 109 e seguintes.

[263]*R eischauer* in *Rummel* § 1329 Rz 8; sa *dens* aaO § 1324 Rz 10: Mesmo uma negligência ligeira é suficiente.

[274]*W agner* in *Schwimann/Kodek* § 1293 Rz 49b ff: usurpação do direito de personalidade a uma relação familiar próxima, responsabilidade por negligência grave; ver também *Reischauer*, comentário a 4 Ob 208/17t, JBl 2018, 660.

[283] Z B *Harrer* in *Schwimann* Anh § 1325 Rz 5 e seguintes.

indemnização por mero luto, uma vez que todas as tentativas de justificação acima referidas são consideradas inadequadas. Aponta-se, por exemplo, que o "não luto" não é um direito protegido pelo ordenamento jurídico e que essa proteção do luto não está abrangida pela proteção da personalidade prevista no § 16 do ABGB.[29]

A questão da indemnização da dor e do sofrimento pela perda de animais é raramente abordada na doutrina jurídica. [30]No entanto, *Hinteregger* analisa de forma crítica a jurisprudência anterior, segundo a qual a indemnização por dor e sofrimento é concedida pelo luto da perda de pessoas, mas não pelo luto da perda de animais de companhia: A aplicação das regras relativas aos danos materiais (§ 1331 ABGB) à morte ou ferimento de um animal deve ser reconsiderada, uma vez que o valor que o sistema jurídico atribui aos animais se alterou fundamentalmente entretanto. O § 285a do ABGB declara que os animais não são propriedade e o § 1332a do ABGB estipula que o valor imaterial do animal para os seus proprietários deve também ser tido em conta para a razoabilidade dos custos de tratamento de um animal de estimação ferido. "Por conseguinte, é lógico ter em conta o valor imaterial de um animal em caso de morte. Tendo em conta o elevado significado emocional que certos animais de estimação (cães, gatos, cavalos) têm hoje para muitas pessoas, uma indemnização por danos morais (análoga à indemnização por morte) seria inteiramente justificada". [31]*Hinteregger* defende uma interpretação restritiva do § 1331 do ABGB, de modo a que a indemnização por danos emocionais causados pela morte de um animal de estimação não esteja ligada a uma culpa particularmente grave do lesante. [32]*Wagner* (também) tem grandes reservas quanto a um argumento segundo o qual a ligação com um animal de estimação não pode evocar o sentimento emocional de luto da mesma forma intensa que a

---

[292]*S chickmair* in *Kerschner*, Schmerzgeld Rz 178 f.
[306] E m *Kletecka/Schauer*, ABGB-ON1.o § 1325 ABGB Rz 50.
[31] Em FS Danzl 71 (84).
[32] Comentário a 2 Ob 142/20a, Boletim Informativo IUR 4/2021, 10,
https://www.jku.at/fileadmin/gruppen/
147/PDF/Newsletter/IUR-NL_2021-04.pdf (recuperado em 01/06/2024).

perda de uma pessoa. "Para muitas pessoas, os animais de estimação proporcionam uma sensação de segurança e alegria emocional que as pessoas, os parceiros e a sociedade nunca poderão transmitir desta forma. A perda de um animal de estimação pode causar grande sofrimento às pessoas."

CAPÍTULO 2

Classificação dogmática e justificação da indemnização por morte - opinião própria

1. Luto com valor de doença

[33]Se o terceiro em questão sofrer de uma doença ou de um problema de saúde próprio que tenha surgido devido ao facto de a pessoa lesada ter ferido ou matado, de forma ilícita e culposa, outra pessoa (a primeira pessoa lesada), o terceiro pode (de acordo com o Código Civil austríaco) ter direito a uma indemnização por dor e sofrimento, de acordo com o artigo 1325.º do ABGB, se era próximo da pessoa lesada ou morta ou se esteve envolvido num acidente que causou a lesão/morte.[34]

No entanto, na minha opinião, há que ter em conta dois aspectos em particular: Se, por exemplo, ocorreu uma violação de uma **lei de proteção** (na aceção do § 1311 ABGB), que causou a lesão corporal ou a morte da outra pessoa, e se o pedido de indemnização do terceiro por dor e sofrimento se baseia nesta violação da lei de proteção, deve ser examinado caso a caso, se (e de que) a norma em causa se destinava também a proteger o terceiro que só "indiretamente" (por exemplo, participando no acidente, incluindo presenciando o acidente ou como familiar próximo recebendo posteriormente a notícia da morte ou lesão grave) sofre ou desenvolve danos psíquicos (análise do **nexo de**

---

[33] Uma vez que o sofrimento da dor como dano emocional/percetual não pode ser diretamente reposto no seu estado anterior e, portanto, compensado ao abrigo do direito de responsabilidade civil, o sistema jurídico concede uma vantagem (diferente) como "compensação" para a desvantagem dos sentimentos/percepções negativos em substituição, nomeadamente uma prestação pecuniária (pagamento pela dor e pelo sofrimento), de modo a que a pessoa lesada possa, em última análise, ser feliz (ver apenas *Nippel* [Explicação VIII/1, 183] em relação à dor: "... que a pessoa lesada tenha um melhor gozo da vida para a mesma, que, com o desagrado causado pelo desconforto infligido, está numa relação equitativa com a dor.... que seja proporcionado ao lesado um melhor gozo da vida, uma maior sensação de bem-estar, que esteja em justa relação com o incómodo causado pela dor infligida"; ver *Spitzer*, Schadenersatz fur Datenschutzverletzungen. Zugleich Bemerkungen zum Diskussionsstand zum Ersatz ideeller Schaden, JOZ 2019, 629 [632 f]).

[34] S em FN 4. Neste contexto, o termo "danos por choque" é também por vezes utilizado.

ilicitude).[35] Este nexo de ilicitude em relação a danos psíquicos "indirectos" a terceiros só muito raramente ou quase nunca existirá, por exemplo, no caso de uma violação das disposições legais do Código da Estrada. Relativamente à adaquância - que também deve ser observada neste caso - ver abaixo.

Se o pedido de indemnização por dor e sofrimento do terceiro se basear (em qualquer caso) na própria **violação da *sua* integridade física** (violação de um interesse jurídico absolutamente protegido), é mais provável que seja bem sucedido; é ele o lesado direto. Neste caso, o contexto de ilicitude descrito também passará para segundo plano (a existência do interesse jurídico absolutamente protegido [do terceiro] poderá naturalmente proteger o portador do interesse jurídico [o terceiro] de uma lesão). Para o efeito, dois aspectos serão focados no caso concreto: o **comportamento negligente** (comportamento ilícito) **em relação ao terceiro** e a adequação. Por um lado, é necessário examinar como uma *pessoa numa posição de responsabilidade moral* se teria comportado *na situação do autor do dano*.[36] De acordo com *Reischauer* , no que diz respeito à violação do dever de diligência relativamente à ocorrência do dano, tal significa examinar se essa pessoa razoável poderia ter previsto a possível ocorrência do dano (reconhecibilidade ex ante para a pessoa razoável).[37] Os danos psicológicos causados a uma pessoa diretamente envolvida no acidente são geralmente previsíveis.[38] Por conseguinte, a situação é fundamentalmente diferente no que diz respeito a um terceiro que apenas toma

---

[35] O mesmo se aplica a qualquer incumprimento de contrato. Se, por exemplo, as obrigações decorrentes de um contrato de tratamento médico forem violadas, a finalidade protetora da obrigação em causa deve ser considerada para além de uma análise cuidadosa do nexo de causalidade. Cf. sobre a finalidade protetora de um contrato de tratamento (contrato de exame) - in casu em matéria de diagnóstico pré-natal e de danos patrimoniais - também, mais recentemente, em pormenor, E 3 Ob 9/23d (Senado mais forte), em que o Supremo Tribunal se afasta de forma excelente e positiva da jurisprudência anterior divergente, avalia agora o "nascimento ilícito" e a "conceção ilícita" da mesma forma e chega corretamente a um resultado (em ambos os casos, a responsabilidade pelos custos de manutenção surge em caso de causalidade correspondente) que corresponde aos princípios do direito civil.
[36] E m *Rummel* § 1295 Rz 12a.
[37] S a *Reischauer* in *Rummel* § 1325 Rz 5.
[38] *R eischauer* in *Rummel* § 1325 Rz 5: não imputável ao causador como violação da diligência devida.

conhecimento da morte ou dos ferimentos de outra pessoa (por exemplo, através da notícia de um acidente de viação com cujas vítimas não tem qualquer relação pessoal). Em contrapartida, no caso de uma relação pessoal, o terceiro sente uma simpatia muito mais intensa, o que também é previsível para uma pessoa razoável.

Por outro lado, no contexto da **adequação** (de acordo com critérios objectivos), terá de ser examinado se a ocorrência de tais danos para o terceiro, em resultado de um comportamento meramente "indireto" (através da morte/lesão do corpo de outra pessoa) que afecta a psique do terceiro, ainda se encontra no âmbito da *experiência de vida geral* ou se ocorreu um processo causal atípico. As doenças mentais pré-existentes ou circunstâncias raras no "ambiente mental" com uma tolerância extremamente baixa a notícias tristes também não devem ser ignoradas. [39] [40]Para além disso, os danos psíquicos extremos (fora do âmbito de flutuação do psiquismo dado pela experiência geral de vida) podem causar uma falta de adequação. Se, por exemplo, o psiquismo do terceiro for indiretamente afetado por um simples dano físico menor causado a outra pessoa (por exemplo, um "pequeno arranhão" na pele), a questão da adequação torna-se particularmente relevante e deve ser geralmente negada.[41]

Em certas jurisprudências e na literatura, são por vezes utilizadas formulações segundo as quais o risco de uma extensão desrazoável da responsabilidade é limitado pelo facto de ser necessária uma razão particularmente forte para a atribuição, ou seja, o ato de infração deve parecer ao terceiro como altamente suscetível de causar um dano por choque; ou que o choque deve ser compreensível em relação à causa, a fim de evitar uma extensão da responsabilidade. De um ponto de vista dogmático (contudo), a **"prevenção de uma extensão da responsabilidade"** per se não constitui um requisito adicional distinto para a indemnização; em especial se (como também é expressamente

---

[393] V er, em geral, apenas *Reischauer* em *Rummel* § 1302 Rz 13a ff mwN.
[40] Cf. *Beisteiner*, Angehorigenschmerzengeld 222 f.
[41] A menos que (como descrito acima) a falta de diligência em relação ao terceiro já tenha sido negada de qualquer forma.

referido na jurisprudência) for tomado como base o dano direto a terceiros na aceção do § 1325 ABGB. Em vez disso, de acordo com os princípios gerais, a análise do comportamento negligente específico e o teste de adequação representam os limites relevantes da indemnização por choque.

Além disso, é necessário verificar se houve um comportamento descuidado ou se o dano (psicológico) ocorre precisamente a uma terceira pessoa; considere-se, por exemplo, os familiares notificados que não tiveram qualquer contacto com a pessoa ferida ou falecida durante décadas - neste caso, o pedido de indemnização não será aceite. [42]No caso de **pessoas que testemunhem diretamente um acidente** ou de **pessoas que estejam próximas da pessoa (gravemente) ferida ou falecida (ou seja, que estejam emocionalmente ligadas a ela)** e tomem conhecimento da lesão ou morte (por exemplo, familiares próximos, cônjuges, parceiros registados, [434445]parceiros, sócios, pessoas que vivem no mesmo agregado familiar ou melhores amigos), o dano na aceção do § 1325 ABGB será geralmente previsível para uma pessoa razoável e - se existir nexo de causalidade - não estará geralmente fora do âmbito da experiência de vida geral.

Se estiverem preenchidos todos os requisitos do direito de responsabilidade

---

[42] Ver 2 Ob 208/23m mwN. Não é necessária uma relação pessoal estreita (ver, por exemplo, *Karner* in FS Danzl 87 [94]; sa *dens* aaO 108 f no que respeita à questão de uma eventual negligência contributiva da primeira parte lesada).

[43] Refere-se a pessoas numa relação (romântica) baseada na parceria, que não se reflecte num apartamento/casa partilhada ou numa comunidade económica material, mas em que uma comunidade emocional profunda e o sentimento de união como parceiros estão em primeiro plano. Sa FN 87.

[44] Sobre as relações afectivas no seio das famílias "patchwork" (palavras-chave: "parentalidade social", "irmãos sociais"), ver jungst *Schoditsch*, Die schadenersatzrechtliche "Kernfamilie" im Licht des Art 8 MRK, JOZ 2024, 283 (285).

[45] Trata-se dos melhores amigos com os quais - em casos individuais, comprovadamente - existe uma relação afectiva especial (contudo, mais recentemente, 2 Ob 208/23m [in casu, porém, atribuição de uma indemnização por dor e sofrimento devido ao testemunho do acidente]). No que diz respeito à argumentação do Supremo Tribunal de que uma relação puramente amigável não está ancorada no sistema jurídico, deve notar-se que, tanto para a previsibilidade na avaliação do comportamento negligente como no contexto da adequação, a ancoragem jurídica não é importante; a ligação emocional existe independentemente disso. No teste de adequação, por exemplo, só é relevante saber se, de acordo com a experiência de vida geral, pode existir uma relação emocional suficientemente forte com os melhores amigos para sofrer os respectivos danos através da morte do melhor amigo.

civil, **a indemnização por dor e sofrimento** deve ser paga em aplicação do **§ 1325 ABGB, mesmo em caso de danos por negligência leve.** [46]Se (no entanto) houver negligência grave ou dolo, pode também ser considerada a indemnização por mero desgosto, pelo que a jurisprudência tem corretamente em conta um aumento no âmbito da avaliação global.[47]

2. Luto sem valor de doença

[48]É agora discutível se a indemnização do dano exclusivamente imaterial é ou não possível nos casos em que não existe doença ou dano para a saúde, mas apenas sentimentos de pesar por parte do terceiro. É certo que, à primeira vista, um pedido de indemnização por dor e sofrimento por mera

A ideia de que o luto é um sentimento que faz parte da vida (quotidiana) tem algum sentido. [4949]No entanto, se o legislador, no âmbito da sua liberdade de conceção, prevê, de um modo geral, a indemnização do sofrimento emocional - como dano moral - em caso de negligência grave ou ordena a indemnização de danos emocionais (semelhantes) para casos concretos e se se afigura necessária uma aplicação análoga ou uma conclusão ampla, então a indemnização do sofrimento pelo luto também terá de ser concedida em conformidade.

a) Indemnização geral por danos morais

O § 1323 ABGB distingue entre indemnização efectiva e satisfação integral, que inclui também a compensação por lucros cessantes e o reembolso da ofensa causada. [50]Se o dano tiver sido causado por dolo ou negligência manifesta, o lesado tem direito a uma indemnização integral nos termos do **§ 1324 ABGB,** mas nos outros casos apenas a uma indemnização efectiva .

[51]Da conjugação das duas disposições resulta que, **em caso de negligência**

---

[46] E.2.

[47] Ver apenas 1 Ob 114/16w; 8 Ob 98/20z; 9 Ob 9/22x.

[48] Ou, no caso dos ferimentos mais graves, sentimentos de pena ou, especialmente no caso de ferimentos que põem a vida em risco, sentimentos de ansiedade.

[50] [49] E.2.d).

[51] [50] Sobre a satisfação plena, ver também *Nippel*, Erlauterung VIII/1, 184 e seguintes.

[52] [51] Trata-se, portanto, de uma questão de reparação da ofensa causada, na aceção do § 1323

grave (dolo ou negligência grosseira), **o dano moral** deve, *em geral,* **ser igualmente indemnizado** (se estiverem reunidas todas as condições de indemnização). [52]Assim, este ponto de vista foi expresso em alguns processos mais antigos, por exemplo, que a satisfação integral (artigo 1324 ABGB) inclui geralmente também a reparação da ofensa causada na aceção do artigo 1323 ABGB . [49]Uma grande parte da doutrina - E.2.a). considera também que os danos imateriais podem ser indemnizados neste sentido se houver negligência grave.[54]

Se isto significa que, em geral - em caso de negligência grave ou de dolo - o dano moral também deve ser indemnizado, coloca-se a questão de saber como é que isto se aplica às **disposições especiais** em que o legislador se refere explicitamente ao dano moral. Estas normas podem frequentemente ser consideradas como uma extensão ou restrição da regra geral de base (por exemplo, extensão: § 1325 ABGB: A indemnização por dor e sofrimento deve ser paga mesmo em caso de negligência leve; exemplo de restrição: § 1330 ABGB: segundo a opinião dominante, não há indemnização por danos imateriais). Se, numa determinada disposição, não se verificar qualquer desvio em relação à regra de base dos artigos 1323º e seguintes do Código Civil austríaco, mas o seu conteúdo for, no essencial, meramente repetido, deverá também ser considerada a possibilidade de uma clarificação legal, tendo em conta a jurisprudência atual, que exige uma ordem expressa de indemnização por danos morais.

b) Disposições jurídicas especiais

[535455]Quem parte do princípio (como é hoje a jurisprudência prevalecente) de

---

ABGB, de uma indemnização material pelo dano moral sofrido; ver FN 33 e *Zeiller,* Commentar III/2, 757.

[53] [52] ZB OGH 29.04.1886, 4044 GlU 11007; 26.09.1888, 8409 GlU 12365; sa OGH 16.11.1887, 12981 GlU 11837. Outros E mais recentes: ver, por exemplo, 9 Ob 36/00k; RIS-Justiz RS0022544.

55[53] S *Strasser* supra em FN 21.

56[54] E.2.a).

que os danos imateriais não são já indemnizáveis em geral ou sempre em caso de negligência grave - porque já estão abrangidos pelo conceito geral de indemnização ou pela satisfação integral -, vê-se confrontado com a questão de saber se existem lacunas no sistema de disposições individuais expressas sobre a indemnização de danos imateriais que sejam contrárias ao plano e exijam uma aplicação análoga; ou se se pode tirar uma conclusão geral de disposições individuais.

[54]A indemnização por danos morais é abordada em pormenor ou defendida por referência: no que diz respeito à indemnização por dor e sofrimento resultantes de danos corporais, por exemplo, no § 1325 ABGB, - S e.g. FN 20.

c) Nomeadamente o § 1331 ABGB

[56]O § 1331 do ABGB estipula que quem sofrer um dano nos seus bens, intencionalmente ou por negligência manifesta de outrem, tem igualmente direito a reclamar o lucro cessante e, se o dano tiver sido causado por um ato proibido por uma lei penal ou por malícia e intenção maliciosa, o valor da preferência especial.[57] A indemnização da preferência especial diz respeito a um dano moral ("interesse afetivo").[58] É frequentemente referido na literatura que a indemnização da preferência especial exige uma "culpa particularmente qualificada" (ou seja, um comportamento criminoso ou um ato de má-fé e malícia [que por vezes parece significar uma intenção particularmente qualificada]).[59]

57[55] Ver também E.2.c) e E.2.d).

58   [56] 11 AtomHG, § 13 EKHG, § 176 ForstG, § 79h GTG, § 162 LFG, § 163 MinroG, § 14 PHG, § 3 RHPflG; no que diz respeito à indemnização por outros danos imateriais, por exemplo, nos §§ 1328, 1328a, 1331 ABGB, § 29 DSG, §§ 6 ff MedienG, § 8 MRG, § 12 PRG, § 87 UrhG, § 16 UWG.

[574] E m caso de negligência ligeira, a indemnização nos termos do § 1332 ABGB baseia-se no justo valor de mercado (cf. § 305 ABGB; sobre a inclusão da capacidade de utilização no valor patrimonial *Holzner* in Rummel/Lukas § 305 Rz 2; 8 Ob 41/22w).
[58] Trata-se de sentimentos especiais que estão associados ao objeto (como uma recordação); sa 1 Ob 163/18d (nenhuma ligação emocional a uma sebe cuja função de proteção da privacidade foi temporariamente reduzida).
[597] V er, por exemplo, *Danzl/Karner* in KBB § 1331 Rz 1 (aqui "culpa especialmente

No que diz respeito ao **comportamento sujeito ao direito penal**, pode por vezes ser descrito como uma disputa sobre se o comportamento negligente é também suficiente se a infração penal já estiver (excecionalmente) preenchida no caso de negligência.[60] No processo E 1 Ob 160/98f, segundo o Supremo Tribunal, não era evidente *in casu* qualquer ato negligente punível, mas o Supremo Tribunal considerou suficiente a existência de um ato negligente punível nos termos do § 1331 ABGB. Em todos os casos, é importante que o direito penal sancione os danos materiais enquanto tais.[61]

[62]Na literatura mais recente, salienta-se por vezes que **o dolo e o schadenfreude** devem ser cumulativos e que, de qualquer modo, não é possível uma distinção exacta entre os dois termos; por vezes, nem sequer se tenta uma interpretação ou definição destes termos. Outros autores, no entanto, defendem uma ligação alternativa entre o dolo e o schadenfreude. [6364]Segundo *Geroldinger* , no caso do dolo, trata-se do prazer na destruição ou na própria ação que a ela conduz; no caso do schadenfreude, pelo contrário, trata-se precisamente do prejuízo causado à vítima em consequência do dano. Em ambas as constelações, o motivo da exacerbação da responsabilidade é um ganho idealizado. [656667]Segundo *Reischauer* , age-se com dolo se o dano é causado por prazer no dano

---

qualificada" é entendida como dolo e intenção maliciosa e é contrastada com o comportamento no âmbito do direito penal); [41.063]*Harrer/Wagner* in *Schwimann/Kodek* § 1331 Rz 1 (aqui também se fala de uma maior diferenciação do conceito estruturado de dano pelo § 1331 ABGB); *Hinteregger* in *Kletecka/Schauer*, ABGB-ON § 1331 Rz 5; *Reischauer* in *Rummel* § 1331 Rz 1 aE.

[6032 3]E sta é provavelmente a opinião prevalecente: ver, por exemplo, *Reischauer* em *Rummel* § 1331 Rz 3; *Wolff* em *Klang* VI 166; 1 Ob 160/98f; cf. também *Huber* em *Fenyves/Kerschner/Vonkilch*, Klang § 1331 Rz 18 f.

[613]*R eischauer* in *Rummel* § 1331 Rz 3 mwN.

[624]*H arrer/Wagner* in *Schwimann/Kodek* § 1331 Rz 4.

[632] Z B *Geroldinger*, Der mutwillige Rechtsstreit (2017) 152 ff; *Hasenohrl*, Das oesterreichische Obligationenrecht II (1899) 158; *Spielbuchler* in *Rummel'* § 305 Rz 4.

[64] Ver também *dens*, loc. cit. 58 e segs., sobre os significados muito diversos do termo "dolo" na linguagem comum e em várias disposições jurídicas históricas; o termo foi entendido de forma diferente e numa vasta gama, desde a proximidade do dolo especial até à imprudência especial.

[653] E m *Rummel* § 1331 Rz 4.

[66] Supremo Tribunal de Justiça, 14 de junho de 1905, 7793 GlUNF 3089.

[68 673]*R eischauer* in *Rummel* § 1331 Rz 5.

(*Reischauer* remete para um E de 1905); a Schadenfreude é entendida como o prazer no sentimento de desconforto do outro, que se supõe resultar do dano . [68]Na literatura mais antiga, a interpretação dos dois termos "voluntariedade" e "schadenfreude" tem um âmbito muito mais alargado: *Wolff*, por exemplo, fala de voluntariedade no caso de prazer no comportamento prejudicial e nas suas consequências imediatas, sem pensar nas consequências posteriores. A voluntariedade nem sempre tem de ser intencional, porque o prazer é o motivo predominante; se a pessoa que age está tão absorvida pela ideia do efeito indutor de prazer que nem sequer pensa num resultado ilícito, nem sequer o imagina ou imagina-o mas não compreende o seu significado, está a agir com negligência. *Wolff* entende por schadenfreude um sentimento de prazer pelo incómodo causado ao outro pelo dano. [6970]Em *Stubenrauch* , o dano por schadenfreude é descrito como sendo causado com a intenção de se regozijar com a dor da pessoa lesada; é feito por vontade própria, apenas para satisfazer o seu capricho. [71]*Hasenohrl* explica que o motivo do ato é geralmente o mesmo para a questão da indemnização; no entanto, há uma exceção: Se o motivo consistir em arbitrariedade ou schadenfreude, ou seja, se o autor do crime não tiver a intenção de obter qualquer vantagem com a prática do ato, mas apenas agir por prazer imprudente no sucesso do ato ou por prazer malicioso na desvantagem causada a outrem, então isso implica um tratamento mais rigoroso do autor do crime nos termos do § 1331 ABGB. A este respeito, há que distinguir entre dois tipos de dolo: o dolo simples e o dolo premeditado. [72]*Nippel* salienta que o valor da preferência particular também deve ser indemnizado se o dano infligido intencionalmente ou por descuido evidente for de tal natureza que tenha sido

---

[69] [682]E m *Klang* VI 166.

[70] [698]C omentário II 711.

[71] [70] Sobre a literatura penal mais antiga relativa aos termos "malícia" e "arbitrariedade", cf. também as notas em *Kadecka*, Bosheit und Mutwille, GZ 1909, 242.

[72] [712]C ódigo das Obrigações II 158.

[73] [72] Explicação VIII/1, 211.

declarado proibido por uma lei penal expressa ou se o dano tiver sido infligido por malícia ou alegria. [73]No seu comentário ao artigo 1331.º do ABGB, *Zeiller* aborda sobretudo a questão dos lucros cessantes e, no que se refere ao preço da preferência especial, refere-se principalmente às acções proibidas pelo direito penal, mas não aborda a interpretação da malícia e do schadenfreude.[74][75]

A fim de determinar o significado dos termos e disposições utilizados no § 1331 ABGB, é essencial analisar a **história da codificação**:

No **projeto de Martini**, o § 44 da 13ª secção principal da Parte 3 dizia: "Se o dano for causado intencionalmente, seja por interesse próprio, roubo, furto, furto, fraude, violência não autorizada ou por malícia e intenção maliciosa, isto é, pela deterioração ou destruição de uma coisa, a parte lesada tem o direito de reclamar tanto o valor da sua preferência particular pela coisa como a perda de lucros posteriores". Seguiu-se o artigo 45.º com as palavras introdutórias: "Todavia, se o dano resultar de negligência ou de ignorância culposa, ...".

O artigo 454.º (13.º) da Parte 3 do **projeto inicial** do ABGB estipulava: "Se o dano for causado intencionalmente, quer por interesse próprio, nomeadamente através de roubo, furto, fraude, violência não autorizada, quer por malícia e intenção maliciosa, o lesado tem direito a exigir tanto o valor da preferência particular pelo objeto como o lucro cessante". Seguiu-se o § 455 com as palavras introdutórias: "1.º mas o dano foi causado por negligência ou ignorância culposa, ...".

Resulta daqui que a **intenção das disposições** é (simplesmente) ordenar a indemnização do valor da preferência particular e do lucro cessante **em caso de dolo**. É irrelevante que o dolo se baseie no interesse próprio (a este respeito, são citados como exemplos vários actos [criminosos]) ou não (a este respeito, são citados como exemplos o dolo e a malícia).

Por fim, as secções do texto foram reorganizadas/redigidas no decurso das

---

[73] Comentário III/2, 767.

[74] Como se verá, tal deveu-se provavelmente ao facto de *Zeiller* aparentemente partiu naturalmente de uma certa compreensão dos termos resultante da história da codificação, que não precisava de ser explicada.

revisões. [76][76]*Zeiller* declara (no entanto) nas deliberações que o texto disponível na reunião de 9 de junho de 1806 era (entenda-se: em termos de conteúdo) consistente com o § 454 do projeto original. [77]Isto deve-se ao facto de que o objetivo da alteração/redação era evidentemente enfatizar a compensação por lucros cessantes e - como o suplemento e o texto finalmente adotado mostram - (em última análise) prever a compensação em casos de negligência grave (e não apenas em casos de intenção). No entanto, isto não altera o facto de o valor da preferência particular ser simplesmente substituído em caso de dolo - razão pela qual se fala também de conformidade com o projeto inicial. Assim, a este respeito, existe uma **concordância com o projeto original e com o projeto de Martini**, do qual se depreende claramente o que se pretendia, em última análise, com a introdução da voluntariedade e da schadenfreude: nomeadamente, a indicação de **exemplos de** (outros) **actos intencionais**, que foram especificamente mencionados a par de outros exemplos de intenção (nomeadamente, actos auto-interessados [como o furto, o roubo, etc.]).

Assim, da história da codificação resulta claro que o legislador histórico teve em mente o dano patrimonial intencional, independentemente de ser ou não proibido pelo direito penal, por exemplo. De acordo com a intenção histórica da lei (que resultava dos projectos e que se manteve inalterada no decurso da revisão e da redação final), **a vontade e o dolo** são **designações** meramente **exemplificativas** de casos que, embora não constem do Código Penal como infracções autónomas, são, no entanto, cometidos por princípio. Uma conclusão importante desta consideração histórica é, pois, a de que (devido à mera exemplaridade) não tem necessariamente de haver um ato punível, dolo ou intenção dolosa *per se*, mas que, **em geral, um (simples) dano intencional é um pressuposto e é suficiente para que o valor da preferência particular em relação a uma coisa seja compensado.**

Ênfase: O valor da preferência especial, de acordo com o § 1331 ABGB, deve

---

[76] S *Ofner* (ed.), Protocolos II 198 f.
[77] Cf. *Ofner* (ed.), Protokolle II 803.

ser geralmente reconhecido (apenas) em caso de preferência:

No entanto, se a infração for efetivamente punível ou se for cometida com dolo ou intenção dolosa, coloca-se a questão de saber se os argumentos teleológicos podem eventualmente sobrepor-se ao entendimento histórico (como actos intencionais). [78] [79]**Com base na desvalorização acrescida** que o legislador (em geral) assume quando sanciona um comportamento no âmbito do direito penal, ou com base na desvalorização especificamente acrescida dos danos intencionais e dos danos cometidos com dolo, pode presumir-se que, **mesmo nos casos excepcionais de comportamentos negligentes puníveis dirigidos contra o património** ou **de comportamentos negligentes decorrentes de dolo (ou malícia)**, a responsabilidade é agravada.

d) Analogia e generalização

[80]Depois de clarificar a interpretação do § 1331 ABGB, pode afirmar-se o seguinte: O § 1325 ABGB prevê a indemnização por danos morais (indemnização/compensação por sentimentos desagradáveis) resultantes de danos à integridade física do próprio, sendo suficiente uma negligência, mesmo que ligeira. [81]O § 1331 do ABGB prevê a indemnização por danos morais (indemnização/compensação por sensações desagradáveis [dor]) resultantes de danos à propriedade do próprio, sendo que, em princípio, é geralmente exigida a intenção (ou, em casos especiais, é suficiente a negligência).

Neste contexto, é possível estabelecer uma **analogia** com estas disposições no que diz respeito à indemnização dos sentimentos de pesar em caso de morte (ou dos sentimentos de compaixão/ansiedade em caso de ferimentos graves) de uma

---

[78] [7832]I dS *Reischauer* in *Rummel* § 1331 Rz 3; *Wolff* in *Klang* VI 166; 1 Ob 160/98f; sa FN 61.

[79] [79] IdS *Geroldinger*, Mutwilliger Rechtsstreit 154 f: o dolo também pode ser uma negligência grave e deliberada, nomeadamente intencional. [2]Sobre Schadenfreude sa *Wolff* in *Klang* VI 166.

[80] [804]V er apenas *Harrer/Wagner* em *Schwimann/Kodek* § 1325 Rz 67.

[81] [81] E.2.c).

pessoa - se se partir do princípio (tal como a jurisprudência acima referida) de que os danos imateriais não devem ser indemnizados em geral, mas com base em disposições individuais. Em particular, **pode** também ser **retirada** a seguinte **conclusão geral**: Se a lei prevê uma indemnização por sentimentos de pesar mesmo em relação a um objeto inanimado, então deve haver uma indemnização ainda maior por sentimentos de pesar (geralmente mais intensos) em relação a um ser vivo. [82]É certo que ainda se pode argumentar que, de acordo com o § 1331 ABGB, existe uma relação de propriedade em relação ao objeto, o que não acontece, evidentemente, em relação à pessoa morta/ferida. Quando o § 1331 ABGB fala da "sua propriedade" e estipula uma indemnização pela preferência particular, o legislador tinha obviamente em mente que o sentimento de apego a uma coisa só existe tipicamente em relação à própria coisa. A ideia especial essencial (no entanto) reside na ligação afectiva a si própria, nomeadamente a *ligação afectiva* **a uma coisa**. Esta ideia pode ser transferida (como conclusão geral) para a *ligação afectiva a um ser vivo* (estrangeiro) **(aqui: ser humano)**.

Em consideração e aplicação análoga dos §§ 1325 e 1331 do ABGB, segundo os quais, por um lado, é devida uma indemnização por danos morais em caso de lesão da integridade física do próprio, mesmo em caso de negligência ligeira, e, por outro lado, em caso de lesão de um objeto com o qual existe um vínculo afetivo especial, [83]a indemnização por danos morais em caso de dolo (só em casos excepcionais também em caso de negligência), a indemnização por sentimentos de pesar resultantes da destruição do direito legal à vida (ou sentimentos de compaixão/ansiedade em caso de lesão mais grave do direito legal à integridade física) de outro ser vivo (aqui: humano) de outro ser vivo com o qual existe um vínculo afetivo especial, pode muito bem ser a favor do

---

[82] [822]V er *Schickmair* in *Kerschner*, Schmerzgeld, n.º 37.

[83] Os interesses jurídicos da vida e da integridade física devem ser mais valorizados do que os interesses jurídicos da propriedade. Este facto repercute-se regularmente na intensidade dos sentimentos de dor e de pesar, o que também está expresso nas disposições legais (§§ 1325, 1331 ABGB). Ao mesmo tempo, é de notar que os sentimentos são geralmente mais intensos quando os interesses jurídicos próprios (em particular a integridade física) são violados do que quando os interesses jurídicos de outras pessoas são violados.

requisito da negligência grave (dolo ou negligência grosseira).[84]

Sublinhe-se: a atribuição de dinheiro puro para o luto é uma condição prévia aproximada

e) Prova prima facie da relação afectiva

[85]As observações já feitas sobre o **comportamento descuidado** e a **adequação** também se aplicam aqui quando se trata da questão da indemnização por dor e sofrimento como indemnização por dor sem valor de doença. Por um lado, isto aplica-se à gravidade da lesão no corpo da outra pessoa e ao impacto indireto associado na psique do terceiro. Por outro lado, há que analisar se era previsível para a pessoa em causa na situação específica ou se, de um modo geral, ainda se insere no âmbito da experiência de vida geral que o dano ocorra a essa terceira pessoa. Ambas se aplicam geralmente a terceiros que tenham uma relação emocional intensa com a pessoa lesada ou falecida.

[86]**A relação afectiva especial deve geralmente ser provada pela parte lesada**, em conformidade com a jurisprudência . [87][88]No entanto, para as pessoas que vivem no mesmo agregado familiar (por exemplo, cônjuge, parceiro registado, parceiro de facto, filho, pai ou mãe) ou para as pessoas que vivem em agregados

---

[84] A jurisprudência exige-o igualmente para a atribuição da indemnização por morte.

[85] E.1.

[86] Ver, por exemplo, 2 Ob 90/05g; 6 Ob 103/19v.

[87] Trata-se de pessoas numa relação (romântica) baseada na parceria, que (reconhecidamente) não se reflecte num apartamento/domicílio partilhado ou numa comunidade económica material, mas em que uma comunidade emocional profunda e o sentimento de união como parceiros estão em primeiro plano. [3]Além disso, no que diz respeito aos cônjuges ou parceiros registados, deve ser feita referência aos §§ 90 ff ABGB ou §§ 8 f EPG e à possibilidade de uma habitação separada temporária (cf. por exemplo *Hinteregger* in *Fenyves/Kerschner/Vonkilch*, Klang § 90 Rz 4 ff; [105]*dies*, Familienrecht [2022] 54 ff; *Wagner*, Zivilrecht VI Familienrecht [2022] Rz 7/14 ff, 21/12); no que diz respeito às deslocações ao longo da vida, o facto de ser defendido um sistema flexível entre os critérios desenvolvidos (ver RIS- Justiz RS0047000).

[88] Também conhecida como prova prima facie ou indícios prima facie: Trata-se de teoremas empíricos e de sequências típicas de acontecimentos (no caso de uma falta típica de provas no que respeita à negligência ou ao nexo de causalidade). A parte que tem o ónus da prova prova determinados factos dos quais, de acordo com a experiência de vida, se podem deduzir outros factos com uma probabilidade considerável, para os quais tem o ónus da prova. As conclusões sobre o estado interior de uma pessoa podem também ser admissíveis como prova prima facie. [33]Ver *Koziol*, Haftpflichtrecht II A/5 Rz 108 f; *Reischauer* in *Rummel* § 1296 Rz 4 ff; RIS-Justiz RS0022664.

familiares separados mas que, no entanto, têm tipicamente (normalmente) uma relação estreita (por exemplo, parceiro, filho, pai ou mãe), pode geralmente presumir-se uma relação afectiva correspondente no contexto da **conclusão prima facie** . [89][90]No caso de outras pessoas (por exemplo, o melhor amigo, irmãos separados) com as quais não existe tipicamente uma relação muito próxima (mas um contacto mais ou menos frequente ou esporádico), a pessoa lesada deve provar uma relação afectiva especial em casos individuais, sem recorrer à inferência prima facie.

---

[89] S FN 45.
[90] S FN 14.

CAPÍTULO 3

Nomeadamente: Indemnização em caso de morte ou ferimento grave de um animal - opinião própria

1. Luto com valor de doença

Se a pessoa em causa sofrer de uma doença ou de um dano para a sua saúde, resultante do facto de a parte lesiva ter ferido ou matado, de forma ilícita e culposa, o animal que lhe era próximo, pode ter direito a uma **indemnização por dor e sofrimento, nos termos do § 1325 ABGB.**[91] As **declarações feitas no ponto E.1** são aplicáveis em conformidade. [92][93]Como se verá **em pormenor no ponto F.2.d), a relação afectiva entre o proprietário de um animal de companhia e o seu animal de estimação** é hoje em dia geralmente **tão intensa** como a relação afectiva com um filho, companheiros de vida, etc. Por conseguinte, também é **previsível** para uma pessoa razoável (ao analisar um comportamento descuidado) que o proprietário de um animal de companhia, que tem uma ligação emocional intensa com o seu animal, possa sofrer danos emocionais com um valor patológico. O ato de ferir gravemente ou de matar é (mesmo) **tipicamente muito suscetível** de causar danos emocionais com valor de doença.[94] A **morte/ferimento grave de um animal de estimação** é (portanto) também**, de acordo com a experiência de vida geral (atual), suscetível de causar danos emocionais com valor de doença ao** dono (ou possivelmente também a outras pessoas [de referência] que vivem no agregado familiar).[95] Mesmo no caso de morte/lesão grave de um animal que não seja de

---

[91] Ver também FN 3.

[92] S também no que respeita à falta de diligência e à adequação. Para a ocorrência (previsível e dentro da experiência de vida) de danos emocionais, qualquer ancoragem legal de uma relação também é irrelevante aqui; sentimentos e danos emocionais (com ou sem valor de doença) surgem independentemente de uma ancoragem legal de uma relação.

[93] O termo "animal de companhia" é utilizado no presente documento no sentido da aceção mais comum (animal doméstico que vive/é mantido em casa) e, por conseguinte, corresponde mais estreitamente ao termo "animal de companhia" na aceção do § 4 Z 3 da Lei do Bem-Estar dos Animais.

[94] Ver também E.1 para uma elevada adequação.

[95] Ver apenas, por exemplo, OLG Vienna 12 R 146/10v ZVR 2012/35. Relativamente à

estimação, mas ao qual (em casos individuais) se prove uma ligação emocional especial, o dano na aceção do § 1325 ABGB - se existir um nexo de causalidade - não estará geralmente fora do âmbito da experiência de vida geral.[96]

Na jurisprudência, a indemnização por dor e sofrimento foi atribuída para a reparação de um dano por dor com valor de doença (dano por choque), por exemplo quando o primeiro réu conduzia um automóvel em marcha-atrás e atropelou com o pneu traseiro esquerdo o poodle miniatura de 14 anos da autora, ferindo-o gravemente, tendo sido mal sucedida uma operação de urgência pelo veterinário, tendo o cão morrido e a autora sofrido um dano psíquico com valor de doença (má evolução vivencial-reactiva com estado de instabilidade mental, depressão temporária com ligeiras perturbações do sono e comportamento ansiosofóbico);[97] ou, por exemplo, quando dois cães da demandante foram mordidos pelo cão do demandado, tendo um dos dois cães da demandante, com o qual tinha uma relação íntima, morrido uma semana depois devido aos ferimentos e a demandante sofrido uma perturbação psíquica com valor de doença (reação aguda ao stress, perturbação de adaptação posterior com pesadelos, perturbações do sono, ansiedade e depressão).[98]

2. Luto sem valor de doença

a) Indemnização geral por danos morais

Tal como descrito no ponto E.2.a), já se pode partir do princípio de que a indemnização por danos morais nos termos dos §§ 1323, 1324 do Código Civil austríaco (ABGB) é, em princípio, possível para justificar a compensação (a concessão de uma vantagem) pela desvantagem de sentimentos negativos de pesar ou ansiedade/piedade. O facto de estes sentimentos resultarem da morte/lesão de uma pessoa com a qual existe uma relação afectiva especial ou da morte/lesão de um animal com o qual existe uma relação afectiva especial é,

---

intensidade da relação emocional entre os proprietários (actuais) de animais de companhia e os seus animais de estimação, ver F.2.d) em pormenor.

[96] Ver também sobre o direito alemão *Straub/Biller-Bomhardt*, Schockschadensersatz bei Verletzung oder Totung eines Tieres, NJW 2021, 118 (121).

[97] LG Feldkirch 8 Cg 262/96g ZVR 2001/67.

[98] OLG Viena 12 R 146/10v ZVR 2012/35.

evidentemente, irrelevante em si mesmo - em ambos os casos, o dano afetivo ocorreu em última análise. Como se verá no **ponto F.2.d)**, estes sentimentos negativos ocorrem **normalmente** entre os donos de animais de estimação; **de acordo com a experiência de vida geral (atual) (e em grande medida)**, a **morte/ferimento grave de um animal de estimação** é **suscetível de causar danos emocionais sem valor de doença** ao dono (ou possivelmente também a outras pessoas que vivem no agregado familiar).

[99][100]Uma vez que as disposições legais especiais relativas aos danos morais podem ser entendidas como uma extensão, restrição, etc., a única coisa que poderia impedir a atribuição de uma indemnização por perda de um animal de estimação seria a afirmação de que o artigo 1331 ABGB implica uma restrição no que diz respeito aos danos patrimoniais (indemnização por danos morais, em princípio, apenas em caso de dolo). No entanto, como se verá mais adiante, o artigo 1331º do ABGB data de uma época em que não só os sentimentos sociais prevalecentes em relação aos animais eram diferentes, mas também a compreensão do sistema jurídico em relação aos animais era completamente diferente: para além da criação de disposições destinadas à proteção dos animais (por exemplo, no âmbito do direito público), foram introduzidos no ABGB os artigos 285ºa e 1332ºa. [101]O conteúdo e as ideias básicas destas disposições, que se descrevem a seguir, também têm um impacto na indemnização por danos emocionais não materiais. [102][103]Se se partir do princípio de uma indemnização geral por danos morais em caso de negligência grave, bem como de extensões, restrições, etc., através de disposições especiais, então a ideia básica do artigo 1332a do ABGB, em particular, em conjugação com o desenvolvimento social, leva a que o artigo 1331 do ABGB, que é visto como uma restrição, deva ser teleologicamente reduzido. Os danos emocionais causados pela morte ou ferimento grave de um animal (doméstico) com o qual existe uma ligação

---

[99] S sobre este ponto de vista no capítulo D e E.2.a).
[100] E.2.c.
[101] F.2.b), F.2.c) e F.2.f).
[102] F.2.c) e F.2.f).
[103] F.2.d) e F.2.f).

afectiva intensa não podem, por isso, ser equiparados aos danos emocionais causados pela perda ou dano de um objeto inanimado.[104] Uma vez que o dano emocional causado pela morte ou lesão grave de um animal (doméstico) com o qual existe uma ligação emocional intensa não está abrangido pelo § 1331 ABGB numa perspetiva teleológica, não está especificamente regulamentado, pelo que se aplica a indemnização geral por negligência grave, tal como definida nos **§§ 1323, 1324 ABGB**.[105]

b) Disposições jurídicas especiais relativas à indemnização por danos morais e em relação aos animais

Tal como descrito no ponto E.2, aplica-se, em princípio, a seguinte constelação inicial: o § 1325 ABGB prevê a indemnização por danos morais resultantes de danos à integridade física do próprio, sendo suficiente uma negligência, mesmo que ligeira. O § 1331 ABGB prevê a indemnização por danos morais resultantes de danos à propriedade do próprio, sendo, em princípio, exigida a intenção (em casos especiais, contudo, é também exigida a negligência).[106] Para além do § 285a ABGB, que estabelece que um animal não é uma coisa, aplica-se também o § 1332a ABGB. [107][108]A lei relativa à proteção dos animais em todas as suas facetas e a lei relativa ao transporte de animais são igualmente mencionadas, bem como o § 2 B-VG Sustainability, e é feita referência ao crime de crueldade contra os animais. É igualmente citado o artigo 8.º da CEDH, que diz respeito ao direito ao respeito pela vida privada e familiar, que (como parte do conceito pessoal de vida) também inclui a coabitação com um animal de estimação.[109] Através do efeito indireto de terceiro, os direitos fundamentais podem também

---

[104] Ver em pormenor no ponto F.2.e).

[105] Por outro lado, aqueles que não são favoráveis a uma indemnização geral por danos morais na aceção da jurisprudência acima referida acabam por chegar ao mesmo resultado por analogia e conclusão geral (ver F.2.f)).

[106] E.2.c).

[107] Ver abaixo o ponto F.2.c).

[108] Cf. também, mais recentemente, o acórdão do Tribunal Constitucional G 193/2023 mwN: O bem-estar dos animais representa um interesse público significativo e amplamente reconhecido.

[109] *Pletzer*, Mais uma vez: Proibição de manter cães e gatos na forma de contrato de aluguer? wobl 2013, 249 (252) mwN.

desenvolver um significado no domínio do direito privado (nomeadamente no contexto de uma interpretação conforme aos direitos fundamentais, no contexto do preenchimento de uma lacuna ou na concretização de cláusulas gerais). [110]É claro que isto se aplica às cláusulas contratuais (em particular, através da barreira da imoralidade), mas também no domínio da responsabilidade civil.[111] Por último, é ainda de referir o § 250 n.º 1 n.º 4 do EO, que uniformiza a apreensão de animais de companhia (não destinados a alienação) aos quais exista um vínculo afetivo.

c) Em especial o § 1332a ABGB

O § 1332a do ABGB foi introduzido ao mesmo tempo que **o § 285a do ABGB**, afirmando que os animais não são coisas. [112]O § 285a ABGB visa clarificar a diferença entre animais e bens, o que também é sublinhado pelo facto de ter sido criado um parágrafo separado para este efeito. De acordo com o § 285a ABGB, os animais são protegidos por leis especiais; as disposições aplicáveis aos bens só são aplicáveis aos animais na medida em que não existam regulamentos divergentes. A matéria refere que, por conseguinte, o direito de propriedade não pode ser exercido à vontade, mas que "os animais estão sob a proteção especial da lei e ... [113]os regulamentos de proteção emitidos no interesse do animal devem ser observados." [114]O § 285a ABGB é também utilizado para justificar a necessidade do interesse jurídico do bem-estar dos animais. [115]No que se refere

---

[110] Sobre a ineficácia (nos termos do § 879, n.º 3 e § 879, n.º 1 do ABGB) de (várias) cláusulas relativas à proibição de ter animais de estimação nos contratos de arrendamento, ver *Muhlehner*, Die Tierhaltung in Bestandsobjekten - Zulassigkeit der Haltung versus vertragliche Beschränkung (2023) (tese de licenciatura Linz, disponível em https://epub.jku.at/obvulihs/id/8880297 ou urn:nbn:at:at-ubl:1-63847).
[111]C f. apenas *Meissel* in *Fenyves/Kerschner/Vonkilch*, Klang § 16 Rz 34 ff. Sa § 16 ABGB e, em particular, supra em FN 27.
[112] JAB 497 BlgNR 17. GP 1.

[112] [113] IA 130/A II-2228 BlgNR 17. GP 2; RAB 3447 BlgBR 1.

[113] [1143]*B inder*, Sachenrecht (2003) Rz 2/2; *Bohm*, Rechtliche Probleme und Grenzen des tierschutzerischen Aktionismus, in *Harrer/Graf* (Hrsg), Tierschutz und Recht (1994) 47 (48, 55 ss); *Stabentheiner* in *Fenyves/Kerschner/Vonkilch*, Klang § 285a Rz 5.

[114] [115] 44 R 645/02g EFSlg 104.963.

ao artigo 285.º-A do ABGB, o Tribunal Regional de Viena, por exemplo, decidiu, a propósito da divisão dos bens conjugais: "O conceito de proteção subjacente ao artigo 285.º-A do ABGB visa preservar a vida e a saúde dos animais, bem como proteger a relação afectiva entre o homem e os animais ...."; "No ... [116]Por conseguinte, na atribuição de um cão, deve ser tido em conta não só o valor patrimonial do cão, mas também a ligação afectiva de ambos os cônjuges ao cão e do cão a eles ...".

De acordo com o **§ 1332a ABGB**, em caso de ferimento de um animal, as despesas efetivamente incorridas para a cura ou tentativa de cura são igualmente pagáveis se excederem o valor do animal, na medida em que um proprietário razoável de um animal na posição da parte lesada teria incorrido nessas despesas. O termo "despesas de cura" deve ser entendido da mesma forma para um animal e para um ser humano.[117]

O **objetivo** do § 1332a ABGB é reembolsar as despesas de tratamento de um animal ferido, independentemente do seu valor pecuniário, em especial para ter em conta o facto de o proprietário poder ter uma forte relação emocional com o seu animal enquanto ser vivo e, em todo o caso, normalmente tem essa relação com o seu animal de estimação.

O § 1332a do Código Civil austríaco (ABGB) remonta a uma **moção de iniciativa**, segundo a qual o seguinte parágrafo deveria ser acrescentado ao § 1323 ABGB: "Se um animal que é injustificável para o proprietário devido à sua natureza for ferido, os custos efetivamente incorridos para a cura ou tentativa de cura devem ser cobrados mesmo que excedam o valor do animal". [118][119]Só na

---

[115] [116] Ver também 1 Ob 254/22t. Para disposições legais (adicionais) expressas no direito sucessório e no direito da família que exigem o bem-estar do animal, de lege ferenda *Bahn*, Das Tier im Familien- und Erbrecht, TiRuP 2018/A, 63.

[117][73]*D anzl/Karner* in KBB § 1332a Rz 3; *Huber* in *Fenyves/Kerschner/Vonkilch*, Klang § 1332a Rz 14. Incluem-se também, por exemplo, as despesas destinadas a evitar a deterioração ou a aliviar a dor, bem como as despesas decorrentes de um aumento das necessidades e as despesas com medicamentos ou ajudas médicas. Sa 2 Ob 10/91; 6 Ob 177/19a.
[118] IA 130/A II-2228 BlgNR 17. GP 1. Também se afirma (IA 130/A II-2228 BlgNR 17. GP 3): "Tal como no § 1325 ABGB, o termo lesão também inclui outros danos à saúde."
[119] IA 130/A II-2228 BlgNR 17. GP 3.

Comissão de Justiça é que a expressão "animal que, pela sua natureza, seja injustificável para o dono" (ou seja, animais com os quais existe normalmente uma ligação afectiva mais estreita, como os animais de companhia) foi substituída por "animal". O JAB justifica este facto afirmando que, no caso de um animal de criação, com o qual "não existe normalmente qualquer relação afectiva", um proprietário responsável de um animal de companhia não gastará um montante que exceda o valor do animal. Um proprietário razoável de um animal de companhia dar-lhe-ia o tratamento veterinário habitual, mas não procedimentos cirúrgicos extraordinários e muito dispendiosos.

[120] No entanto, depende das circunstâncias particulares da pessoa lesada; em casos individuais, pode, portanto, presumir-se que a pessoa lesada tem uma relação afectiva com um animal que, normalmente, é apenas mantido como animal de criação. As alterações à redação na Comissão da Justiça tenderam, portanto, a alargar mais o âmbito de aplicação. Ver abaixo a principal ideia de base expressa tanto na proposta de iniciativa como no comité de justiça.

A afirmação do JAB de que um **proprietário razoável de** um animal de estimação lhe daria um tratamento veterinário normal, mas não procedimentos cirúrgicos *invulgares e* muito dispendiosos, deve provavelmente ser entendida como significando que "invulgar" significa "não indicado clinicamente"; por outras palavras, refere-se a "tratamentos" que são supérfluos de um ponto de vista médico, que eram meramente cosméticos, por exemplo, ou que não têm qualquer efeito de acordo com o estado atual da ciência médica. [120]Os tratamentos veterinários convencionais, por outro lado, incluem a cura, o alívio ou o restabelecimento da dor, o alívio ou a substituição de funções corporais, etc . Naturalmente, isto também inclui - se clinicamente indicado - exames dispendiosos, operações, etc. [121]Por conseguinte, também se pode concordar

---

[121] 1201.06S a *Hinteregger* in *Kletecka/Schauer*, ABGB-ON § 1332a Rz 3: Despesas de tratamento, despesas com medicamentos, ajudas médicas e transporte.

[122] 1214E m *Schwimann/Kodek* § 1332a Rz 3. *Harrer/Wagner* (loc. cit.) também salientam que a autoridade do proprietário responsável do animal no § 1332a ABGB não significa uma nova declaração juridicamente relevante, porque o dever de minimizar os danos é violado de

com *Harrer/Wagner* quando afirmam que o veterinário recomendará geralmente ao proprietário do animal as medidas que um proprietário razoável iniciaria. [123][120]Tendo em conta a redação e a evolução histórica, bem como o objetivo da norma, é errado considerar que (sempre) determinados limites percentuais - JAB 497 BlgNR 17. GP 1 f. em relação ao valor do animal ou (no caso de animais sem valor) montantes absolutos possam ser aceites como "valores-limite". [122][123]Quando muito, tais valores poderiam, na melhor das hipóteses, fornecer um guia aproximado para "animais de criação" com os quais não existe uma relação emocional especial. Por outro lado, no caso dos animais de companhia, com os quais existe uma forte ligação afectiva, o reembolso das despesas de tratamento médico baseia-se (não em valores ou em limites de montante arbitrariamente assumidos, mas) - de acordo com o objetivo normal de restabelecer o melhor possível a saúde do animal amado e emocionalmente ligado que foi prejudicado pela parte lesiva - na **indicação médica**. Tal como acima descrito, um proprietário sensato de um animal de companhia mandaria efetuar tratamentos ou medidas medicamente indicados para curar o seu animal amado, aliviar a dor, melhorar o seu estado de saúde (ou evitar a deterioração), restaurar, facilitar ou substituir funções corporais, etc. É igualmente de salientar que um proprietário sensato de um animal de companhia respeita as exigências do direito público em matéria de proteção da vida e do bem-estar dos animais. [124][125][126]Em geral, um

---

qualquer forma no caso de despesas excessivas.

[122][35] No entanto, *Huber* em *Fenyves/Kerschner/Vonkilch*, Klang § 1332a Rz 29 f; *Wittwer* em *Schwimann/Neumayr*, ABGB-TK § 1332a Rz 3. Em contrapartida, o Supremo Tribunal (10 Ob 29/16m; in casu mesmo no contexto da questão da proporcionalidade de uma melhoria ao abrigo do direito de garantia): "No caso de animais de companhia que não sejam animais de criação ... a relação afectiva é normalmente aberta No que diz respeito   ao montante das despesas, as despesas
dos tratamentos veterinários habituais uma diretriz .... de adesão estrita a um
Um múltiplo do valor de mercado como limite máximo ... é excluído pelo facto de existirem animais sem qualquer valor monetário". [1.06]Ver também *Danzl/Karner* in KBB7 § 1332a Rz 3; *Hinteregger* in *Kletecka/Schauer*, ABGB-ON § 1332a Rz 2.
[123] [1233]D e resto, é de presumir que o proprietário de um animal de companhia dispõe de meios económicos suficientes (*Huber* in *Fenyves/Kerschner/Vonkilch*, Klang § 1332a Rz 25).

[124] Ver em pormenor 6 Ob 66/22g, inter alia com referência aos §§ 6, 13, 15 da Lei do Bem-Estar dos Animais. Ver também *Huber*, comentário a 6 Ob 177/19a, ZVR 2021, 398 (399).

proprietário de animais responsável não consulta vários veterinários ao mesmo tempo - a menos que seja necessário - mas consulta uma clínica veterinária especializada (com indicação médica) (com ou sem encaminhamento posterior por um veterinário [geral]).

[127]Os materiais do § 1332a ABGB e a finalidade da disposição, tal como acima descrita, deixam bem claro qual é a sua **ideia de base**: o **tratamento diferente dos animais vivos, por um lado, e dos objectos inanimados, por outro,** também **no direito civil**, especialmente devido ao facto de (ao contrário do que acontece com um objeto inanimado [fungível]) existir normalmente uma **forte relação emocional com um animal de estimação.**

Emphae § 1332aABGB trata da substituição de pneus ligados à emoção, em contraste com a substituição no caso da ocupação de contrapartes leHoer.

d) Desenvolvimento social / desenvolvimento de relações afectivas intensas

[128]Desde **tempos remotos**, a relação entre o homem e os animais é descrita, em grande parte/frequentemente, com pouca emoção: Os animais serviam,

---

[125][4] S a *Harrer/Wagner* in *Schwimann/Kodek* § 1332a Rz 3 com referência a BG Melk 01.02.2006, 5 C 2336/04p: Se o estado de saúde de um cão não melhorar mesmo depois de várias visitas a um veterinário, é (muito) apropriado consultar um segundo veterinário.

[126] Além disso, é de notar que o padrão de cuidados estabelecido no § 1299 ABGB se aplica aos tratamentos veterinários (2 Ob 281/04v; 9 Ob 72/06p; 7 Ob 163/13s). Se for evidente para um veterinário (geral) que não possui as competências necessárias de um veterinário especializado, deve, em todo o caso, tornar este facto claro. [3]Ver *Aigner*, Gedanken zur Sachverstandigenhaftung, JOZ 2017, 494, sobre este complexo de temas, sobre a interpretação do artigo 1299.º e sobre a culpa na assunção da responsabilidade. A este respeito, deve ser mencionado entre parêntesis que *Koziol* (Haftpflichtrecht II A/6 Rz 4) aparentemente não compreendeu as minhas explicações no JOZ 2017, 494. Nunca defendi uma diferenciação entre a responsabilidade contratual e a responsabilidade extracontratual no que respeita à culpa necessária de presunção. A apresentação inicial da respectiva perspetiva (*Aigner*, loc. cit. 496-498) serviu exclusivamente para clarificar e justificar mais detalhadamente o aumento do padrão de cuidado trazido pelo § 1299. Uma possível exoneração devido a uma falta de culpa de presunção (isto é, no caso de actos anteriores sem culpa; ver apenas a citação repetida dos vários actos anteriores da área contratual e extracontratual [*Aigner*, loc. cit. 498 f]) é (no entanto) obviamente possível tanto nas relações contratuais como extracontratuais (ver em pormenor *Aigner*, loc. cit. 498 f com mais referências).

[127] IA 130/A II-2228 BlgNR 17. GP 2 f; JAB 497 BlgNR 17. GP 1 f.

[128] Houve, evidentemente, excepções que se tornaram publicamente conhecidas (como os cães de governantes de diferentes épocas que foram imortalizados em pinturas).

nomeadamente, como fonte de alimentação ou como animais de criação. Outros animais domésticos que viviam em casa ou na quinta, como os cães ou os gatos, tinham frequentemente uma função prática (por exemplo, guardar, cuidar de outros animais, caçar ratos, etc.). Nas famílias aristocráticas e mais ricas, os animais eram por vezes considerados um símbolo de estatuto.

Na burguesia urbana em ascensão do **século XIX**, eram cada vez mais numerosos os animais de estimação que não cumpriam nenhuma das tarefas acima descritas.[129] Passaram a ser criados mais por prazer, quer como cães bem treinados para passear em público, quer como cães de almofada em privado. A mudança de visão também se reflectiu na arte, por exemplo, quando as pinturas mostravam gatos a brincar ou cães (com ou sem dono) - por vezes romantizados - em várias situações de vida. Juntamente com o aumento da capacidade financeira, era agora possível ter animais de estimação apenas para fins de lazer.[130]

A posse de animais de estimação aumentou rapidamente na **segunda metade do século XX**. Durante este processo, e especialmente nas últimas décadas, **o significado emocional dos animais de estimação para as pessoas cresceu de forma constante**.[131] O animal de estimação tornou-se um amigo e um companheiro que também acompanha as pessoas a nível emocional. O termo "animal de companhia" também surgiu para caraterizar uma relação homem-animal mais moderna, uma vez que era visto como uma expressão mais clara da qualidade da ligação entre o dono e o animal do que o termo "animal de

---

[129] Esta situação foi acompanhada pela deslocação dos animais de criação dos espaços públicos urbanos, nomeadamente através da externalização e mecanização da matança dos animais de abate nos seus próprios matadouros (cada vez mais industrializados). S *Darmann*, Pets and animal lovers. Uber Nahe und Ferne von Menschen und Tieren, in *Krason/Willmitzer* (eds.), Tierisch beste Freunde. Uber Haustiere und ihre Menschen (2017) 12 (40 f).

[130] Neste contexto, desenvolveu-se também o termo inglês "pet", cujo espetro semântico "oscila algures entre pet, favorite animal e stuffed animal e se aproxima bastante da caraterização de um brinquedo" (*Wischermann*, Zwischen "Vieh" und "Freund". Historische Annaherungen an das Selbst eines Tieres, in *Krason/Willmitzer* 49 [61 f]).

[131] Sa *Hinteregger* in FS Danzl 71 (84); *Kitchenham*, Tierisch beste Freunde. O amor não conhece fronteiras (2021) 13 e seguintes. Ver também *Tuma-Koch*, Die Sonderstellung von Tieren im Zivilrecht (2021) 30 ss.

estimação".[132]

[133] O número de animais de estimação continua a crescer no **século XXI**. A nível emocional, os animais de estimação estão a tornar-se cada vez mais **membros iguais da família**. No conceito de membro da família, quase nenhuma área humana permanece fechada para o membro da família animal.[134] Nos **últimos anos**, em particular, o significado emocional e a ligação entre humanos e animais de estimação tornaram-se ainda mais fortes.[135]

[136][137][138][139][140][141][142]Os **efeitos** de ter um animal de estimação são de natureza psicológica e física: a **nível psicológico**, os efeitos vão desde a estimulação da empatia, da comunicação e da interação até à redução do stress, do medo e da ansiedade, com a necessidade de calma (interior), o aumento da confiança e da fiabilidade, o humor positivo e a redução dos estados depressivos e, possivelmente, a melhoria do controlo da dor até à redução da agressividade.[143] **Os efeitos fisiológicos** incluem efeitos (benéficos para a saúde) no sistema cardiovascular, pressão sanguínea, ritmo cardíaco, temperatura da pele, etc.[144] Para além dos efeitos no sistema imunitário, os efeitos hormonais estão também

---

[132] *Wischermann* in *Krason/Willmitzer* 49 (62 f) mwN.

[133] S sobre https://www.ots.at/presseaussendung/OTS_20220928_OTS0110/heimtierstudie-in-every-second-household-has-a-pet-picture (publicado em 2022, acedido em 01/06/2024). Ver também a comparação internacional da posse de diferentes animais em 2016 https://www.gfk.com/de/insights/haustiere-im-internationalen-vergleich (acedido em 01/06/2024).

[134] *Wischermann* in *Krason/Willmitzer* 49 (63).

[135] Sentado abaixo.

[136] Sobre os efeitos psicológicos e físicos da relação com os animais (domésticos), ver *Julius/Beetz/Kotrschal/Turner/Uvnas-Moberg*, Bindung zu Tieren. Psychologische und neurobiologische Grundlagen tiergestutzter Interventionen (2014) 53 ff mwN; *Kitchenham*, Tierisch beste Freunde 41 ff, 176-188 mwN.

[137] *Julius/Beetz/Kotrschal/Turner/Uvnas-Moberg*, Bindung zu Tieren 65 ff, 69 f; *Kitchenham*, Tierisch beste Freunde 41 ff, 50 ff, 81, 184 ff. Ver também, por exemplo, *Wischermann* in *Krason/Willmitzer* 49 (75 ss).

[138] *Kitchenham*, Animal Best Friends 174-178.

[139] *Julius/Beetz/Kotrschal/Turner/Uvnas-Moberg*, Attachment to animals 70 e seguintes.

[140] *Julius/Beetz/Kotrschal/Turner/Uvnas-Moberg*, Anexo aos animais 72 f.

[141] *Julius/Beetz/Kotrschal/Turner/Uvnas-Moberg*, Anexo aos animais 73 f.

[142] *Julius/Beetz/Kotrschal/Turner/Uvnas-Moberg*, apenso aos animais 75.

[143] *Julius/Beetz/Kotrschal/Turner/Uvnas-Moberg*, Anexo aos animais 75.

[144] *Julius/Beetz/Kotrschal/Turner/Uvnas-Moberg*, Attachment to animals 76 ff. Sa *Kitchenham*, Animal best friends 177 f.

associados à convivência com um animal de estimação (por exemplo, no que diz respeito ao cortisol, à epinefrina, à norepinefrina).[145]

É de salientar a libertação da hormona **oxitocina** (também conhecida como **"hormona da ligação"**, "hormona mãe-filho", "hormona do carinho", etc.), que está associada a sentimentos de amor, confiança e felicidade. Por exemplo, o toque carinhoso nos recém-nascidos provoca uma libertação da hormona, tal como o olhar profundo nos olhos; isto aplica-se tanto às crianças humanas como aos animais e continua na idade adulta (nas relações íntimas).[146] Acariciar cães ou gatos leva a um aumento dos níveis de oxitocina tanto nos seres humanos como nos cães ou gatos; o mesmo acontece com o contacto visual intenso. [147][148]O mesmo se aplica aos estímulos auditivos e olfactivos. [149][150]*Julius/Beetz/Kotrschal/Turner/Uvnas-Moberg* afirmam: "De facto, os efeitos endócrinos e fisiológicos medidos em mães lactantes e nos seus bebés são semelhantes aos observados em donas de cães e nos seus cães depois de estas mulheres terem acariciado os seus cães." Uma vez que os estudos também mostraram que o aumento dos níveis de oxitocina era maior quando os indivíduos acariciavam o seu próprio cão (em vez do cão de outra pessoa), isto sugere que o aumento da oxitocina depende da qualidade da relação entre humanos e animais.[151] Os efeitos da oxitocina são diversos e manifestam-se de muitas formas a nível fisiológico e psicológico. [152][153]Resumidamente, reduz o

---

[145] *Julius/Beetz/Kotrschal/Turner/Uvnas-Moberg*, Anexo aos animais 80 f.

[146] Ver apenas *Julius/Beetz/Kotrschal/Turner/Uvnas-Moberg*, Bindung zu Tieren 81, 83 ss., 135 ss., 164 ss., 177 ss.; *Kitchenham*, Tierisch beste Freunde 37 ss.

[147] *Kitchenham*, Animal Best Friends 43-45.

[148] Por exemplo, voz familiar, ronronar, etc.

[149] *Julius/Beetz/Kotrschal/Turner/Uvnas-Moberg*, apenso aos animais 92.

[150] Apego aos animais 178.

[151] *Julius/Beetz/Kotrschal/Turner/Uvnas-Moberg*, Bindung zu Tieren 104. Sa *dies*, loc. cit. 105: "O contacto físico ... bem como a ligação com o animal parecem desempenhar o mesmo papel central [no que respeita à oxitocina, nota do autor] que na esfera interpessoal ... . Pode, portanto, presumir-se que os mesmos mecanismos podem ser eficazes nas boas relações homem-animal, como descrito em pormenor ... descritos em pormenor utilizando o exemplo da relação mãe-filho".

[154] [152] Os efeitos fisiológicos incluem uma redução das hormonas do stress, uma diminuição da pressão arterial, etc.

stress, a ansiedade, o relaxamento, os sentimentos de confiança e de bem-estar, o cuidado e uma ligação mais profunda. [154]Um nível elevado de oxitocina promove comportamentos, estados emocionais e cognições sociais que são de importância fulcral para o desenvolvimento da vinculação; os efeitos induzidos pela oxitocina estão também associados à figura de vinculação através do mecanismo de condicionamento clássico.

[155156] **A ligação emocional com o animal de estimação também** se exprime **visivelmente** no **comportamento em relação ao mundo exterior**; não só durante a vida do animal de estimação, de várias formas (cuidados em todos os aspectos, esforço para a proximidade física e o toque [abraçar, acariciar, etc.], comunicação intensiva com o animal, cuidados médicos abrangentes, seleção

---

[155] [153] *Julius/Beetz/Kotrschal/Turner/Uvnas-Moberg*, Ligação aos animais 87 ss., 135 ss.

[156] [154] *Julius/Beetz/Kotrschal/Turner/Uvnas-Moberg*, Bindung zu Tieren 150 ff. Sa *dies*, ibid. 180: "Os estudos aqui apresentados fornecem a primeira prova empírica de que as relações íntimas entre humanos e animais são caracterizadas pelos mesmos padrões de regulação endócrina que são caraterísticos da ligação interpessoal segura e do comportamento flexível de cuidados para com outros humanos".

[157] [155] Sobre o comportamento de incentivo, ver *Julius/Beetz/Kotrschal/Turner/Uvnas-Moberg*, Attachment to animals 170 e seguintes.

[158] [156] Naturalmente, isto acontece não só através da linguagem verbal ou melódica ou de outra vocalização, mas também de várias formas, por exemplo, através da linguagem corporal, do contacto visual e das expressões faciais. Para a (respectiva) importância das expressões faciais na comunicação entre humanos e animais (e entre diferentes espécies), ver *Kitchenham*, Tierisch beste Freunde 41 ff, 50 ff, 81. Para estas e muitas outras formas de comunicação e interação não verbais, ver *Mahr*, Tiergestutzte Interventionen. Integration von Tieren in stationaren Kinder- und Jugendhilfeeinrichtungen in Osterreich (2023) 19 ff (tese de mestrado Graz, disponível em https://unipub.uni-graz.at/urn/urn:nbn:at:at-ubg:1- 187742 ou urn:nbn:at:at-ubg:1-187742).

[159] Ver também *Wischermann* in *Krason/Willmitzer* 49 (63 f).
[160] https://www.sueddeutsche.de/leben/tiere-tierbestattungen-werden-immer-beliebter-dpa.urn- newsml-dpa-com-20090101-200212-99-881824 (acedido em 01/06/2024). Sa *Benkel*, Das Mensch-Tier-Verhaltnis: Spielraume einer Sozialpartnerschaft, in *Schmitt/Kunzmann* (eds.), Nicht nur dein Tier stirbt. [161]Geschichten und Forschungen zur Trauer um Haustiere (2020) 66 ff. S *Wischermann* in *Krason/Willmitzer* 49 (86 f) mwN.
[162] Cf. também *Wischermann* in *Krason/Willmitzer* 49 (82 f): "O homem e o animal estabelecem relações que não são simples substitutos, mas únicas. O animal alcança uma equivalência sem linguagem, comparável ao estatuto de bebé."
Ver em pormenor acima, incluindo os respectivos Nw; também *Kitchenham*, Tierisch beste Freunde 43 ff, 178-188, 220 ff.

especial de alimentos, seleção de brinquedos, presentes para as férias e muito mais), mas também quando o animal de estimação amado morre. [159][160]Por exemplo, sob a forma de enterros (em constante aumento anual) de animais de companhia (seja sob a forma de cremações em crematórios de animais de companhia com a urna entregue ou enterros em urna/terra em cemitérios de animais de companhia) ou obituários em vários meios de comunicação social e muito mais. Em 2004, o obituário de um gato falecido, publicado num jornal diário suíço, foi um dos primeiros do género a causar espanto, ao passo que, hoje em dia, os obituários relativos à morte de um animal de estimação são comuns e considerados um dado adquirido.[161]

Como se pode verificar tanto nos efeitos fisiológicos e psicológicos descritos como no comportamento, **o vínculo afetivo ou a relação afectiva que se estabelece com o animal de companhia não é diferente da que se estabelece com os filhos, os companheiros, etc.**[162] Como já foi referido, a relação afectiva também se baseia na reciprocidade: o animal de estimação também tem uma ligação afectiva com o seu dono humano, que tem os efeitos psicológicos e físicos já referidos (e que também é acompanhada por uma correspondente libertação de hormonas [por exemplo, em relação à oxitocina] a nível fisiológico).[163]

Em 2020, *a Schmitt/Kunzmann* publicou os resultados de um projeto realizado entre **2017** e **2019** na Universidade de Medicina Veterinária de Hanôver sobre a questão de como as pessoas lidam com a morte e o luto pelos seus animais de estimação. Para além de vários ensaios e outros materiais, foram também reproduzidas citações de donos de animais recolhidas dos questionários. [157][158]Em vez de muitas, aqui ficam apenas alguns exemplos das citações: "Já

---

[157] *Schmitt/Kunzmann* (eds.), Tier stirbt 33 ss., 52 ss., 76 ss., 110 ss., 130 ss., 160 ss., 184 ss.
[158] *Schmitt/Kunzmann* (eds.), Tier stirbt 78 ff, 85, 112 f, 118 f.
[166] https://de.statista.com/statistik/daten/studie/1167139/umfrage/verhaeltnis-von-heimtierbesitzern-zu-ihren-haustieren/ (recuperado em 01/06/2024).
[167] 775 pessoas.
[168] Opções de seleção: "concordo totalmente", "concordo um pouco", "discordo um pouco", "discordo".
[169] https://de.statista.com/statistik/daten/studie/1336090/umfrage/umfrage-zur-bedeutung-

enterrei muita gente, o meu irmão quando eu tinha 21 anos - ele tinha 19, cancro. Isso deixou-me de rastos. Mas o nosso cão ultrapassou simplesmente tudo. Ela despedaça-nos. Um pedaço de mim foi-se com ela."; "Atingiu-me com tanta força como a morte do meu filho em 2009."; "O meu marido disse-me que quando eu lhe disse que o pai dele tinha morrido, não o tinha atingido com tanta força como a morte do nosso cão. Parece duro e insensível, mas eu sei exatamente o que ele quer dizer."; "Um pilar da minha vida partiu-se."; "É a perda de um companheiro querido. Seja humano ou animal, não faz diferença para mim - o processo de luto é o mesmo."; "Na primeira noite, acordei e ouvi a respiração do nosso cão até que percebi imediatamente que ele já não estava lá. O meu marido também não estava na cama - estava sentado no jardim, num banco ao lado da campa do nosso cão, a chorar."; "Não posso fazer as velhas rondas. É demasiado doloroso. Lembro-me de um incidente em cada esquina. É estranho andar sozinha pelos bosques e campos."; "Quando escrevo assim, mesmo passados sete anos, fico com um nó na garganta e lágrimas nos olhos."; "Chorei durante dias, semanas, meses depois da sua morte e ainda hoje choro quando escrevo." De um modo geral, os resultados do projeto revelaram com muita frequência a profundidade, a dor e a persistência do luto pelo animal de estimação amado.

[166][167][168]Um estudo realizado na Alemanha em **2020** (inquérito) entre os proprietários de animais de companhia sobre a sua relação com os seus animais de estimação questionou-os sobre a sua concordância com várias afirmações e apresentou o seguinte resultado:

▶"O meu animal de estimação é um membro da família"

> 90% "concordo totalmente"; 3,9% "concordo um pouco"; <u>total:</u> 93,9%

▶ "Trato o meu animal de estimação como se fosse meu filho"

> 50,6% "concordo totalmente"; 27,7% "concordo um pouco"; <u>total:</u> 78,3%

---

von- haustieren-in-oesterreich/ (acedido em 01/06/2024).
[170]   337 pessoas.
[171]   A pergunta era "se a respectiva afirmação se aplica ou não ao seu animal de estimação".

▶"Para mim, o meu animal de estimação está em primeiro lugar"

> 30,9% "concordo totalmente"; 49,8% "concordo um pouco"; total: 80,7%

[169][170][171]Um estudo realizado na Áustria em **2022** (inquérito representativo) entre os proprietários de animais de companhia sobre a importância dos animais de companhia questionou-os sobre a concordância com várias afirmações e apresentou o seguinte resultado:

▶"Um animal de estimação é como um bom amigo"

> aplica-se a 94%

▶"Os animais de estimação enriquecem a minha vida"

> aplica-se a 93%

▶"Perder este animal de estimação ia ser um golpe duro para mim"

> aplica-se a 87%

▶"O animal de estimação paga como um membro de pleno direito da família"

> aplica-se a 82%

[159][160]Um estudo realizado na Áustria em **2023** (inquérito representativo) entre os proprietários de animais de companhia sobre a sua vida com animais de companhia e o seu comportamento de compra de produtos para animais de companhia revelou o seguinte resultado:

▶Para 86%, os seus animais fazem parte da sua família.

Atualmente, os animais em geral e os animais de companhia em particular têm um valor emocional exorbitantemente mais elevado do que no passado. Atualmente, muitas pessoas optam por animais de estimação em vez de filhos ou por animais de estimação e filhos em igual medida. Os laços e sentimentos que se formam (normalmente) com o respetivo ser vivo são completamente comparáveis e intensos. Aspectos como a **comunicação,** a **interação,** o **desenvolvimento e a demonstração de sentimentos, a procura de proximidade física e de toque e o afeto emocional entre humanos e animais de estimação são completamente comparáveis e intensos, por exemplo,**

---

[159] https://www.zza-online.de/branche/branche/article/tierische-familienmitglieder-wie-leben-die-oesterreicher-mit-ihren-heimtieren.html (acedido em 01/06/2024).
[160] 1010 pessoas.

entre humanos e crianças. Por conseguinte, **os sentimentos e sintomas de luto são igualmente intensos quando um ser vivo amado morre.**[161]

Ênfase: A ligação emocional entre o dono de um animal de estimação e o seu animal de estimação e os sentimentos de surdez aquando da morte do animal são tão importantes hoje como eram no passado

Por isso, não está definitivamente fora do âmbito **da experiência de vida geral** (de acordo com o que foi descrito em pormenor neste artigo até agora) que estes **sentimentos intensos de luto** ocorram no dono do animal de estimação (ou possivelmente também noutras pessoas [de referência] que vivem no agregado familiar) **como resultado da morte do animal. Além disso,** este é **também o caso típico nos dias de hoje.** É previsível **que** o ato da morte provoque os sentimentos intensos de tristeza acima descritos. O mesmo se aplica aos sentimentos stressantes de pena/ansiedade resultantes de ferimentos graves.

O laço afetivo é, de resto, independente do facto de o ser vivo com o qual o laço afetivo foi estabelecido ter sido concebido pela pessoa em causa: Ninguém argumentaria que um laço afetivo com um filho adotado é necessariamente menos forte simplesmente porque não foi concebido pela pessoa; o mesmo se aplica a um laço afetivo com um cônjuge, companheiro ou animal de estimação.

e) Efeitos sobre o § 1331 ABGB

No mínimo, as explicações acima apresentadas no que diz respeito ao desenvolvimento social e à intensidade do vínculo e dos sentimentos (de luto) que hoje em dia se manifestam tipicamente em consequência da morte ou dos ferimentos graves do animal de companhia guardado mostram também que, **numa perspetiva teleológica, os danos emocionais causados pela morte ou pelos ferimentos graves de um animal de companhia não** estão (ou já não estão) **abrangidos pelo "valor da preferência especial" do § 1331 ABGB.** De qualquer modo, o § 1331 ABGB abrange a relação afectiva muito mais reduzida com um objeto inanimado, pelo que a indemnização desses danos afectivos só

---

[161] Ver, por exemplo, *Gerdes*, Trauer um den Verlust eines Haustieres aus psychosomatisch-psychotherapeutischer Sicht, in *Schmitt/Kunzmann* 124 ss; *Wischermann* in *Krason/Willmitzer* 49 (64). Trata-se de sentimentos de luto e da dor da separação.

ocorre normalmente em caso de dolo. A relação emocional muito diferente, nomeadamente (hoje em dia) muito mais elevada e mais intensa, de um dono de um animal de estimação com o seu animal de estimação amado (enquanto ser vivo em interação que desencadeia os efeitos mais intensos a nível psicológico e fisiológico e conduz a uma ligação emocional maciça) não se enquadra de todo nesta situação. De uma perspetiva teleológica, tendo como pano de fundo o § 1332a ABGB e o atual significado social da

[162] (domésticos) e a intensidade da ligação afectiva com os animais de estimação que existe hoje em dia, segue-se que o sofrimento emocional causado pela dor devido à morte ou pena/tristeza devido a ferimentos graves de um animal de estimação (em termos gerais: um animal com o qual existe uma ligação afectiva intensa) está tão pouco abrangido pelo âmbito de aplicação direta das disposições especiais como o sofrimento emocional causado pela dor devido à morte ou pena/tristeza devido a ferimentos graves de um ser humano. [163][164]Isto significa que a indemnização em aplicação dos §§ 1323, 1324 ABGB ou, se - tal como a jurisprudência supracitada - não se partir já de uma indemnização geral por danos morais, é necessária uma solução por analogia e inferência geral.

f) Analogia e generalização

Aqueles que (tal como a jurisprudência acima referida) consideram que os danos imateriais não devem ser indemnizados em geral, mas com base em disposições individuais, são (mais uma vez) confrontados com a questão de saber se podem existir lacunas no sistema de disposições individuais expressas sobre a indemnização de danos imateriais que exijam uma aplicação análoga; ou se se pode tirar uma conclusão geral das disposições individuais.

Tal como já foi descrito no ponto E.2.d), pode tirar-se uma **conclusão geral relativamente ao § 1331 ABGB**, uma vez que a ideia essencial subjacente a

---

[162] Ver F.2.d).

[163] O mesmo se aplica, por conseguinte, ao sofrimento emocional causado pela dor em resultado da morte ou pena/ansiedade em resultado de ferimentos graves num outro animal ("de criação") com o qual - embora não tipicamente, como no caso dos animais de companhia - existe uma relação emocional intensa em casos individuais, se comprovada.

[164] F.2.a).

esta disposição é o *vínculo afetivo* e até está prevista uma compensação por sentimentos de pesar relativamente a um **objeto inanimado**. [165]Esta ideia pode ser ainda mais aplicada (como conclusão geral) ao *vínculo afetivo* mais intenso *com um ser vivo* (**humano ou animal de estimação**); assim, de acordo com o sistema jurídico, é evidente que, no caso dos seres humanos (§ 16 ABGB) e no caso dos animais (§ 285a ABGB), a propriedade é igualmente irrelevante, porque o vínculo afetivo intenso com o cão de família, por exemplo, existe independentemente de ser propriedade dos pais ou de um filho, por exemplo.

[166]**O § 1332a do ABGB reflecte a diferença de tratamento dos animais e dos objectos inanimados no direito de responsabilidade civil**, na medida em que os custos da cura ou da tentativa de cura de um animal com o qual existe normalmente uma forte relação emocional - independentemente do seu valor pecuniário - devem ser compensados. Desta forma, a própria lei exprime o que é compreensível, nomeadamente que a *ligação emocional do proprietário de um animal ao seu animal (de estimação)* é geralmente *muito mais elevada e mais intensa* do que a um objeto inanimado.

[167] A isto acresce o **desenvolvimento social: os animais (e os animais de estimação em particular) têm hoje um valor emocional exorbitantemente mais elevado do que no passado.** Atualmente, os animais de estimação são **membros da família.** Como já foi discutido em pormenor, os **sentimentos que se constroem e existem tanto com os animais de estimação como com as crianças, por exemplo,** são **completamente comparáveis e intensos.** Aspectos como a comunicação, a interação, o desenvolvimento e a demonstração de sentimentos, a procura da proximidade física e do toque e o afeto emocional entre **humanos e animais de estimação** são completamente comparáveis e intensos, por exemplo, entre **humanos e crianças**, entre **cônjuges** ou **companheiros de vida.** Isto pode ser observado **de** muitas formas, **tanto a nível**

---

[165] De um modo geral: uma pessoa ou um animal com o qual existe uma ligação emocional intensa. Sa F.2.e) sobre a redução teleológica do § 1331 ABGB.

[166] Ver F.2.c) para mais pormenores.

[167] Em pormenor em F.2.d).

psicológico como fisiológico (por exemplo, no que diz respeito à libertação de hormonas idênticas).[168] Por conseguinte, existem **sentimentos de pesar igualmente intensos quando um animal de estimação querido morre** (ou sentimentos de compaixão/ansiedade quando um **animal de estimação** é gravemente ferido).

Em suma, as considerações sobre a **analogia e a inferência em grande escala** referidas no ponto E.2 conduzem a.d), ou seja, **no que diz respeito aos §§ 1325, 1331** (incluindo as considerações sobre a negligência grave como expressão de um valor intermédio), em combinação com uma **analogia com o § 1332a ABGB,** [169][170][171]**no contexto** das **outras disposições mencionadas** e tendo em conta a **evolução social** e **o significado particularmente emocional e a relação intensiva com os animais de estimação**, que a indemnização pelo luto resultante da **morte de um animal (doméstico)** deve ser **paga**, por **princípio**, se a morte tiver sido **intencional ou devida a negligência grave**. O mesmo se aplica à indemnização por sentimentos de pena ou de angústia resultantes de **ferimentos graves** de **um animal (doméstico)** causados **intencionalmente ou por negligência grave**.

g) Prova prima facie da relação afectiva

Tal como já foi explicado no ponto E.2.e), para o qual se pode remeter em princípio, a relação afectiva especial deve, em princípio, ser provada pela pessoa lesada.

[172]No entanto, no caso de animais que vivem no mesmo agregado familiar (**animais de estimação**), pode geralmente presumir-se uma relação emocional correspondente como parte da **conclusão prima facie**, uma vez que existe normalmente uma ligação particularmente forte e uma relação emocional intensa com os animais de estimação.[173] No caso de **outros animais** (por exemplo,

---

[168] Ver em pormenor o ponto F.2.d) supra.
[169] Ver acima a ideia essencial da disposição.
[170] S F.2.b).
[171] F.2.d). Sa F.2.e) sobre a redução teleológica do artigo 1331 ABGB.
[172] FN 93.
[173] S apenas para F.2.d).

"animais de quinta" [num pasto ou numa quinta num estábulo], cavalos de equitação empregados à distância, etc.) com os quais não existe normalmente uma ligação mais estreita (mas um contacto mais ou menos frequente ou esporádico), a parte lesada tem de provar uma relação emocional especial no caso individual, sem o auxílio da inferência prima facie.

CAPÍTULO 4

Resultados

Se a **doença ou o dano à saúde** de uma pessoa resultar do facto de a pessoa lesada **ferir ou matar** um **ser vivo (humano, animal)** com o qual exista uma **relação emocional especial** (particularmente forte), pode ser considerado um pedido de **indemnização por dor e sofrimento nos termos do artigo 1325.º do ABGB** (mesmo em caso de negligência ligeira), desde que estejam preenchidos os outros requisitos para a indemnização. No caso de **envolvimento direto** no evento danoso (por exemplo, acidente), uma relação emocional especial não é relevante.

(Pura) **indemnização por luto** - se estiverem reunidas as outras condições de indemnização - é devida **em caso** de **negligência grave** (negligência grosseira ou intencional) a título de indemnização por **sentimentos de pesar devidos à morte de um ser vivo (humano, animal)** com o qual exista uma **relação afectiva especial** (particularmente forte).

Do mesmo modo, **em caso** de **negligência grave** (negligência grosseira ou dolo)**, a indemnização por dor e sofrimento** deve ser paga a título de compensação pelos **sentimentos de compaixão ou de angústia devidos à lesão mais grave de um ser vivo (humano, animal)** com o qual exista uma **relação afectiva especial** (particularmente forte), desde que estejam preenchidos os outros requisitos para a indemnização.

A **relação afectiva especial** (particularmente forte) deve ser sempre provada pela pessoa lesada. Para **pessoas ou animais que vivam no mesmo agregado familiar** (por exemplo, cônjuge, parceiro registado, animal de estimação, filho, pai ou mãe): No entanto, no caso de pessoas **ou animais que vivam no mesmo agregado familiar (por exemplo,** cônjuge, parceiro registado, parceiro de facto, animal de estimação, filho, progenitor) **ou de pessoas que vivam em agregados familiares separados, mas que, apesar disso, tenham** uma **ligação tipicamente forte** (por exemplo, parceiro, filho, progenitor), pode geralmente presumir-se uma relação emocional correspondentemente intensa como parte da

inferência prima facie.

No caso de **outras pessoas ou animais** (por exemplo, o melhor amigo, irmãos separados, um cavalo de equitação distante) com os quais não existe tipicamente uma relação muito próxima (mas um contacto mais ou menos frequente ou esporádico), a pessoa lesada deve provar uma relação afectiva especial no caso concreto (sem recorrer à conclusão prima facie).

Bibliografia

Aigner, Reflexões sobre a responsabilidade dos peritos, JOZ 2017, 494.

Apathy/Bollenberger/P. Bydlinski/Iro/Karner/Karollus (eds.), Festschrift fur Helmut Koziol zum 70. Geburtstag (2010).

Bahn, O animal no direito da família e das sucessões, TiRuP 2018/A, 63.

Beisteiner, Relatives' pain and suffering compensation. A indemnização dos danos por choque e luto em caso de morte ou lesão grave de familiares próximos (2009).

Benkel, Das Mensch-Tier-Verhaltnis: Spielraume einer Sozialpartnerschaft, in *Schmitt/Kunzmann* 66.

Binder, Direito de propriedade (2003).

Bohm, Rechtliche Probleme und Grenzen des tierschutzerischen Aktionismus, in *Harrer/Graf* 47.

Darmann, Animais de estimação e amigos dos animais. Uber Nahe und Ferne von Menschen und Tieren, in *Krason/Willmitzer* 12.

F. Bydlinski, Der Ersatz ideellen Schaden als sachliches und methodisches Problem (Teil I/II), JBl 1965, 173, 237.

P. [7]Bydlinski/Perner/Spitzer (eds.), Kommentar zum ABGB, KBB (2023).

Fenyves/Kerschner/Vonkilch (eds.), 3ª edição do comentário ao Código Civil Geral fundado pelo Dr. Heinrich Klang §§ 1-43 (2014); §§ 44-136 (2021); §§ 285-352 (2011); §§ 1331-1341 (2023).

Gerdes, Mourning the loss of a pet from a psychosomatic-psychotherapeutic perspective, in *Schmitt/Kunzmann* 124.

Geroldinger, O litígio jurídico voluntário (2017).

Harrer/Graf (eds.), Tierschutz und Recht (1994).

[2]*Hasenohrl,* Das oesterreichische Obligationenrecht II (1899).

[10]*Hinteregger,* Direito da Família (2022).

Hinteregger, Trauerschmerzengeld und der Anspruch auf immateriellen Schadenersatz im osterreichischen Recht, in FS Danzl 71.

Huber, comentário a 6 Ob 177/19a, ZVR 2021, 398.

Huber/Neumayr/Reisinger (eds.), Festschrift Karl-Heinz Danzl on his 65th birthday (2017).

Julius/Beetz/Kotrschal/Turner/Uvnas-Moberg, Attachment to animals. Fundamentos psicológicos e neurobiológicos das intervenções assistidas por animais (2014).

Kadecka, Bosheit und Mutwille, GZ 1909, 242.

Karner, comentário ao OGH de 16 de maio de 2001, 2 Ob 84/01v, ZVR 2001, 287.

Karner, Der Ersatz ideeller Schaden bei Korperverletzung (1999).

Karner, Turnaround in case law for shock and remote damage to third parties? ZVR 1998, 182.

Karner, Zur Ersatzfahigkeit von Schock- und Trauerschaden - eine Bilanz, in FS Danzl 87.

Kerschner (ed.), Schmerzgeld. [2]Kommentar und Judikatur (2020).

Kitchenham, os melhores amigos dos animais. O amor não conhece fronteiras (2021).

[2]*Klang* (ed.), Kommentar zum Allgemeinen burgerlichen Gesetzbuch VI (1951).

Kletecka/Schauer (eds.), ABGB-ON. Comentário ao Código Civil Geral (última atualização: 2023).

[43]*Koziol*, Osterreichisches Haftpflichtrecht I (2020); II (2018).

Kramer, Schockschaden mit Krankheitswert - noch offene Fragen? in FS Koziol 743.

Krason/Willmitzer (ed.), Tierisch beste Freunde. Uber Haustiere und ihre Menschen (2017).

Mahr, Intervenções assistidas por animais. Integration of animals in inpatient child and youth welfare facilities in Austria (2023) (tese de mestrado Graz, disponível em https://unipub.uni-graz.at/urn/urn:nbn:at:at-ubg:1-187742 ou urn:nbn:at:at-ubg:1- 187742).

Mayer-Maly, Gedanken zum Ersatz immaterieller Schaden, DRdA 1965, 56.

Muhlehner, Die Tierhaltung in Bestandsobjekten - Zulassigkeit der Haltung versus vertragliche Beschränkung (2023) (Tese de licenciatura Linz, disponível em https://epub.jku.at/obvulihs/id/8880297 ou urn:nbn:at:at-ubl:1-63847).

Nippel, Erlauterung des allgemeinen burgerlichen Gesetzbuches fur die gesammten deutschen Lander der osterreichischen Monarchie, mit besonderer Berucksichtigung des practischen Bedurfnisses VIII/1 (1835).

Ofner (ed.), Der Ur-Entwurf und die Berathungs-Protokolle des Oesterreichischen Allgemeinen burgerlichen Gesetzbuches II (1889).

[7]*Perner/Spitzer/Kodek*, Burgerliches Recht (2022).

Pletzer, Mais uma vez: Proibição da detenção de cães e gatos no contrato de arrendamento? wobl 2013, 249.

Reischauer, comentário a 4 Ob 208/17t, JBl 2018, 660.

[6] *Riedler*, Zivilrecht IV Schuldrecht Besonderer Teil - Gesetzliche Schuldverhaltnisse (2022).

[33]*Rummel* (ed.), Kommentar zum Allgemeinen burgerlichen Gesetzbuch I (2000); II (subvolumes: 2004 e 2007, rdb.at).

Rummel/Lukas (eds.), Commentary on the General Civil Code §§ 285-446 (2016).

Schickmair, Dogmatik des Schmerzengeldrechts, in *Kerschner* 17.

Schmitt/Kunzmann (eds.), Not only your pet dies. Histórias e investigação sobre o luto dos animais de companhia (2020).

Schoditsch, Die schadenersatzrechtliche "Kemfamilie" im Licht des Art 8 MRK, JOZ 2024, 283.

[3]*Schwimann* (ed.), ABGB Praxiskommentar VI (2006).

[4]*Schwimann/Kodek* (eds.), ABGB Praxiskommentar VI (2016).

[5]*Schwimann/Neumayr* (eds.), ABGB Taschenkommentar (2020).

Spitzer, Compensação por violações da proteção de dados. Ao mesmo tempo, comentários sobre o estado do debate sobre a indemnização por danos morais, JOZ 2019, 629.

Strasser, Der immaterielle Schaden im osterreichischen Recht (1964).

Straub/Biller-Bomhardt, Indemnização por danos causados por choque em caso de ferimento ou morte de um animal, NJW 2021, 118.

[8]*Stubenrauch* (Begr), Commentar zum osterreichischen allgemeinen burgerlichen Gesetzbuche II (1903) (ed. por *Schuster von Bonnott/Schreiber*).

Tuma-Koch, O estatuto especial dos animais no direito civil (2021).

Wagner, Anm zu 2 Ob 142/20a, Boletim Informativo IUR 4/2021, 10, https://www.jku.at/fileadmin/gruppen/147/PDF/Newsletter/IUR-NL_2021-04.pdf (recuperado em 01/06/2024).

[5]*Wagner*, Zivilrecht VI Familienrecht (2022).

Wild/Weichbold, A indemnização dos danos morais resultantes da confusão de crianças após o nascimento. Um debate sobre a decisão do Supremo Tribunal de 22 de março de 2018, 4 Ob 208/17t, iFamZ 2018, 272.

Wischermann, Entre "Gado" e "Amigo". Historische Annaherungen an das Selbst eines Tieres, in *Krason/Willmitzer* 49.

Zeiller, Commentar uber das allgemeine burgerliche Gesetzbuch fur die gesammten Deutschen Erblander der Oesterreichischen Monarchie III/2 (1812).

https://de.statista.com/statistik/daten/studie/1167139/umfrage/verhaeltnis-von-pet-owners-to-their-pets/
(recuperado em 01/06/2024).

https://de.statista.com/statistik/daten/studie/1336090/umfrage/umfrage-zur-importância dos animais de companhia na áustria/
(recuperado em 01/06/2024).

https://www.gfk.com/de/insights/haustiere-im-internationalen-vergleich
(recuperado em 01/06/2024).

https://www.ots.at/presseaussendung/OTS_20220928_OTS0110/heimtierstudie-in- todos-os-outros-domésticos-têm-uma-figura-de-pet
(recuperado em 01/06/2024).

https://www.sueddeutsche.de/leben/tiere-tierbestattungen-werden-immer-beliebter- dpa.urn-newsml-dpa-com-20090101-200212-99-881824
(recuperado em 01/06/2024).

https://www.zza-online.de/branche/branche/article/tierische-familienmitglieder-

wie- leben-die-oesterreicher-mit-ihren-heimtieren.html
(recuperado em 01/06/2024).

Disposições legais

Segue-se uma seleção de normas centrais ao tema, para consulta rápida.[219]

§ 16 ABGB

Todo o ser humano tem direitos inerentes, que já são óbvios através da razão, e deve, por conseguinte, ser considerado uma pessoa. A escravatura ou a servidão, bem como o exercício de qualquer poder com elas relacionado, não são permitidos nestes países.

§ 285 ABGB

Tudo o que é distinto da pessoa e serve para o uso das pessoas é chamado de coisa no sentido jurídico.

§§ 285a ABGB

Os animais não são propriedade; são protegidos por leis especiais. As disposições aplicáveis à propriedade só se aplicam aos animais na medida em que não existam regulamentações diferentes.

§ 1293 ABGB

[220]Por dano entende-se qualquer desvantagem que tenha sido infligida a alguém em termos de bens, direitos ou pessoas. É diferente da perda de lucros que alguém deve esperar no decurso normal dos acontecimentos.

§ 1295 ABGB

N.º 1: Qualquer pessoa tem o direito de exigir do lesado uma indemnização pelos danos que lhe tenham sido causados por culpa sua; os danos podem ter sido causados por uma violação de uma obrigação contratual ou sem referência a um contrato.

N.º 2: Uma pessoa que intencionalmente cause um dano de forma contrária aos bons costumes é também responsável por esse dano, mas se o fizer no exercício de um direito, apenas se o exercício do direito tiver obviamente como objetivo prejudicar a outra pessoa.

§ 1323 ABGB

Para que haja reparação dos danos causados, tudo deve ser reposto no seu estado anterior ou, se tal não for possível, deve ser compensado o valor do tesouro. Se a indemnização incidir apenas sobre o dano sofrido, chama-se, na verdade, indemnização; mas se abranger também o lucro cessante e o resgate da ofensa causada, chama-se satisfação integral.

§ 1324 ABGB

No caso de danos causados por dolo ou negligência manifesta, o lesado tem direito a uma

---

[219] A ortografia de algumas palavras foi adaptada à ortografia atual.

[220] No original: "someone".

indemnização integral; nos outros casos, porém, só tem direito a exigir uma indemnização efectiva. A partir de agora, nos casos em que a lei utiliza o termo geral: indemnização, cabe julgar que tipo de indemnização deve ser paga.

§ 1325 ABGB

Qualquer pessoa que lesione o corpo de alguém deve pagar as despesas médicas da pessoa lesada, indemnizá-la pela perda de rendimentos ou, se a pessoa lesada ficar incapaz de ganhar a vida, também pela perda de rendimentos futuros; e, a pedido, deve também pagar-lhe uma indemnização por dor e sofrimento proporcional às circunstâncias.

§ 1327 ABGB

Se a morte resultar de um dano físico, não só devem ser compensadas todas as despesas, como também os dependentes sobrevivos, cujo sustento o falecido tinha de assegurar nos termos da lei, devem ser indemnizados pelo que perderam em consequência disso.

§ 1331 ABGB

Se uma pessoa sofrer danos nos seus bens, intencionalmente ou por negligência manifesta de outra pessoa, tem igualmente direito a reclamar o lucro cessante e, se o dano tiver sido causado por um ato proibido por uma lei penal ou por conduta dolosa ou jactância, o valor da preferência particular.

§ 1332 ABGB

Os danos causados por um grau menor de negligência ou incúria são indemnizados de acordo com o valor comum do objeto no momento do dano.

§ 1332a ABGB

Se um animal for ferido, os custos efetivamente incorridos com a cura ou a tentativa de cura serão cobrados mesmo que excedam o valor do animal, desde que um proprietário razoável de um animal na posição da parte lesada tivesse incorrido nesses custos.

Artigo 8º da CEDH

Parágrafo 1: Toda a pessoa tem direito ao respeito da sua vida privada e familiar, do seu domicílio e da sua correspondência. Informações adicionais sobre o autor

O autor investiga e ensina no domínio do direito civil no seu conjunto; numerosas publicações sobre o direito da responsabilidade civil.

Seleção de publicações recentes:

Aigner, Zur Auslegung von AGB und zur Bedeutung der Vertrauensstheorie, VbR 2023/40, 50.

Aigner, A transação em direito civil. Uma análise exaustiva do acordo de compensação material nos termos dos §§ 1380 e seguintes do ABGB, incluindo a novação e o reconhecimento (2022).

Aigner, Sobre o objetivo de proteção da proibição de atravessar linhas de tráfego restritas, comentário a 2 Ob 57/22d, ZVR 2022/158, 345.

[7]*Apathy/Aigner/Wolkerstorfer*, Zivilrecht VII Erbrecht (2022).

[6]*Kerschner/Wagner/Aigner*, Direito Civil VIII Direito Internacional Privado (2022).

Printed by Books on Demand GmbH, Norderstedt / Germany